田村正博著

わかりやすい憲法101問

〔改訂〕

立花書房

改訂のはしがき

憲法の規定は制定以来まったく変わっていないが、その意味するものは、時代の変化とともに変わってきている。本書の出版以来、二〇年余りの間に、数多くの判例が最高裁判所によって作られ、憲法理念を踏まえた立法が国会によって行われてきた。一方、犯罪被害者への社会的な関心の高まりは、被害者の人権の保護と国家権力行使をめぐる新たな法的論議を生んでいる。これらはいずれも、憲法解釈の在り方に影響を与えている。

このため、今回、本書を改訂することにした。基本的人権の保障の実現、犯罪被害者の権利保護といった新たな問題意識からの問を追加するとともに、個人情報保護、みだりに容ぼう等を撮影されない自由、被留置者の権利自由の制限などに関する問を改めたほか、従前と同じ問についても、判例や立法状況を踏まえて、解説を改めた。表現上の修正を含めれば、過半の問について、何らかの修正を加えている。

本書は、平成元年の出版以来、筆者の予想を超える多くの人に読まれてきた。今回の改訂により、引き続き多くの人に読まれることを、心から願っている。

平成二一年九月

早稲田大学客員教授（警視監・前福岡県警察本部長）
田村正博

はしがき

本書は、「警察公論」誌に「わかりやすい憲法問答」と題して連載したものを元に、国法の体系、公務員の基本的人権等に関する項目を追加した上で、全体を加筆訂正したものである。

警察などのあらゆる公的機関の職員は、その職務の遂行に当たって憲法の規定を遵守しなければならず、各種法令の解釈・運用においても、この憲法の趣旨を十分尊重することが求められている。このことは、それらの職員に憲法の規定の内容と趣旨を十分に理解することを求めるものといえる。

本書は、そのような必要性に対応するものとして、警察等の職員が実際の職務を行う上で必要となる事項を中心に、設問形式により、一問ごとに見開き二頁というコンパクトな分量の中で、できるだけ分かりやすく憲法上の問題を解説することを試みたものである。このため、項目の設定においては、実務上極めて重要な意味を持つ基本的人権、取り分け精神的自由、人身の自由、公務員の基本的人権をめぐる問題を中心として取り上げ、基本的人権以外の分野については、憲法全体の理解に欠かせない事項に絞って取り上げることとした。また、行政機関の職員としての職務の遂行においては最高裁の判例や国会の立法の形式で示されている憲法解釈に従うことが必要であるため、本書では、判例・法律のある限り、それらで採られている解釈がどのようになっているかという視点で解説を行った（公務員として従うべき憲法解釈の意味については、本書第八問を参照されたい。）。

逆に、本書では、多くの憲法の解説書等で述べられているような学問上の問題や、各論点に関する学説の状況などについては、それが実務上不可欠なものである場合を除き、ほとんど触れていない。これは、本書があくまで実務家にとって直接的に意味のあることを内容とすることを目的としていることによるものである。

本書のねらいは、前記のように、限られたスペースの中で、実務家に必要な憲法上の知識を分かりやすく記述することである。本書でそのねらいがどこまで達成できたかは読者の判断に委ねるほかはないが、本書が実務家の方にとって、少しでも意味があるものとなるとすれば幸いだと思っている。また、筆者としては、内容に誤りがないように努めたつもりであるが、時間的などの面で限りのある中で執筆したものであるため、十分なものとはいえないだけでなく、思いがけない誤りがあるのではないかとおそれている。読者の方からのご叱正を願うしだいである。

なお、本書の中では、判例を中心とした公的解釈の内容を努めて紹介し、記述したが、それに関する意見等については、あくまで筆者の個人的見解に基づくものであることをお断りしておきたい。

平成元年六月

警察庁長官官房企画課　警視正　田　村　正　博

目　次

第三章　統治機構

第一章　総　論

第1問　日本国憲法は、どのようにして制定されたものか。

一　我が国の最初の近代憲法は、大日本帝国憲法（以下「明治憲法」という。）である。明治憲法は明治二二年（一八八九年）に施行されたものであるが、その中では、天皇主権の下に議会が設けられ、一定の限度の内ではあるが人権の保障も規定されていた。(1)この明治憲法は、第二次世界大戦の敗戦とポツダム宣言の受諾によって、存立の実質的な基礎を失った。ポツダム宣言には、民主主義に対する障害の除去、基本的人権の尊重、国民の自由な意思による政府の樹立などが含まれていたが、この実現のためには明治憲法を存続させることはできなかったからである。

二　我が国を占領した連合国総司令部は、日本政府に対し、憲法の自由主義化のための改正を指示したが、政府の改正案が明治憲法の基本原則を維持し、若干の修正を加えるというものであったため、(2)全く新たに自らが憲法草案（マッカーサー草案）を作成し、日本政府に提示した。政府は、この草案をもとに、明治憲法の全部を改正する案を作成し、明治憲法の憲法改正手続に従って、天皇の名で帝国議会に付した。帝国議会（衆議院及び貴族院）による一部の修正を経て、昭和二一年一一月三日に公布され、公布の日から起算して六カ月を経過した昭和二二年（一九四七年）五月三日に施行された。これが現在の日本国憲法である。

なお、日本国憲法は、明治憲法の「改正」という形式で制定されているが、実質的には全く新たな憲法といえる。(3)

三　日本国憲法は、このように、占領下という異常な環境の中で、占領当局の強い影響の下で制定されたものであり、その成立過程は国民主権を基にした憲法として理想的なものとはいえない（国民の代表者が起草し、国民の代表者が審議し、国民投票で決するといった形式は採られていない。(4)）。しかし、改正草案が発表されると多くの国民に歓迎され、占領終了後も何ら改正されることなく今日に至っていることからすれば、制定過程に問題がなくはなくとも、国民の間に完全に定着したものということができる。

（1）法律及び予算には原則として議会の協賛を要することとされていたが、勅令などによる例外も認められていた。また、基本的人権の保障も、現行憲法による保障とは異なり、法律の範囲内で認められる恩恵的なものとされていた。このように明治憲法は今日的にみれば不十分な面も多いが、非西欧国家で永続的に実効性をもった最初の憲法であったことも軽視すべきではない。
（2）野党が作成したものを含めた他の試案も、保守的な内容のものがほとんどであった。
（3）憲法改正は、その憲法の基本原則を維持した上で一部の内容を変更することを意味する（第101問参照）。日本国憲法が、従来の天皇主権を改めて国民主権としたことは、明らかに「改正」の限界を超えたものである。
（4）もっとも審議した衆議院の議員のほとんどは、選挙においてこの憲法草案に賛成を表明した政党に属する者であり、国民と全く無関係にこの憲法が制定されたとまではいえない。

第2問　日本国憲法の基本原理は何か。

〔関係条文〕前文、一一条

一　日本国憲法は、前文と、一一章一〇三条からなる本文とで構成されている。前文において、憲法制定の趣旨と基本原理とが述べられ、国民主権主義、人権尊重主義及び平和主義の三つが基本原理として明らかにされている。(2)

二　国民主権主義とは、国家の政治のあり方を最終的に決定する権能（主権）が、全国民にあることを意味する。日本国憲法は、前文で「ここに主権が国民に存することを宣言し、この憲法を確定する。」とし、明治憲法で採られていた天皇主権を排し、国民主権を基本原理とすることを明らかにしている。国民が主権者であるということは、全国民の意思に従って政治が行われなければならないこと、いいかえれば、直接又は間接に国民によって選任された機関が、国民から委託された権力を国民のために行使しなければならず、国民と無関係な者が独自に権力を行使することは許されないということを意味している。

他方、明治憲法下で主権者であった天皇は、主権者である国民の総意に基づいて国及び国民統合の象徴とされ（一条）、国政に関する権能を持たないこととされている（四条一項）。

三　基本的人権尊重主義とは、人間が生まれながらにして基本的人権を持ち、すべての国家作用からその人権が保障されることとするものである。前文の中では、「わが国全土にわたって自由のもたらす恵沢を確保」することが述べられているのにとどまっているが、一一条以下の諸規定や、最高法規の章において基本的人権が侵すことのできない永久の権利とされていることからも、憲法がこの基本的人権の尊重を基本原理としていることは明らかである。もとより、基本的人権の尊重といっても、その制限がすべて認められなくなるのではなく、国民が公共の福祉のために人権を利用する責任を負い、公共の福祉のために人権に制約が加えられることが、その前提とされている。

また、日本国憲法は、第二次世界大戦の反省に立ち、前文で強く平和主義を唱え、この原理の下で、国際紛争を解決する手段としての戦争等を放棄し、戦力を保持しないことを規定している（九条）。このような平和主義の徹底は、日本国憲法の大きな特徴の一つである。

四　これらの基本原理は、日本国憲法の各規定の解釈の基本となるだけでなく、憲法改正の場合にもこの原理を否定するような改正が法的には許されなくなるという点で、法的意義を有している（第101問参照）。

（1）前文は、具体的な規定ではないが、憲法の一部をなすものであって、法的意味を有する。

（2）憲法の教科書等の大半は、この三つを挙げているが、この他に権力分立主義を加えるものもあり、更に、地方自治等を加えるものもある。権力分立主義は、立法・行政・司法の三権が相互に抑制均衡することで、権力の乱用とそれによる国民の人権の侵害とを防止しようとするものである。

第3問　国民主権主義を具体化するために、どのような規定が置かれているか。

〔関係条文〕一条、一五条、四三条、九五条、九六条

一　憲法は、国民主権主義を基本原理としている。「国民主権」とは、国政の最高決定権が国民（天皇を除く全国民の集合体）に帰属し、国民の総意に従って国政が行われるべきことを意味する。明治憲法の下では天皇が主権者であったが、現行憲法は、まず前文で「主権が国民に存することを宣言し、この憲法を確定する。」として国民主権主義を採ることを明らかにし、天皇については、日本国及び日本国民統合の象徴であって、その地位も「主権の存する国民の総意に基く」ものとし、国政に関する権能を有しないものとした（一条、四条）。さらに、主権者たる国民が公務員を選定、罷免する権利を持ち、すべて公務員は全体（すなわち国民全体）の奉仕者でなければならないこととしている（一五条一項、二項）。

二　しかし、国民が主権者であるといっても、国民の意思によってすべての国政を決定し、あるいはすべての公務員を選定することは不可能である。このため、憲法は、理念として国民主権を掲げると同時に、国民主権の行使は、「正当に選挙された国会における代表者を通じて行動」することによるものとして、国民が代表者を選定し、その代表者によって国政が運営されるという間接民主制を採ることを明らかにし（前文）、さらに、これを具体化するものとして、国民の代表者で構成される国

会が「国政の最高機関であって、国の唯一の立法機関である」こととした（四一条）。また、この代表者を選ぶ選挙が公正に行われることが国民主権の実現のために必要不可欠であることから、すべての公務員の選挙について成年者による普通選挙と投票の秘密を保障し（一五条三項、四項）、国会議員及び選挙人の資格に関しては、人種、性別、身分、財産等によって差別してはならないことを明記している（四四条）。

行政権を行使する内閣は、国会が指名した内閣総理大臣と内閣総理大臣が任命した国務大臣とで構成されるから、直接国民によって選挙されるものではないが、国会を通じた国民の選任・監督を受けることとなる。また、司法権を行使する最高裁判所の裁判官については、任命又は指名は内閣によって行われるが、その任命後に行われる総選挙に際して、国民が審査し、罷免するか否かを判断するものとしている（七九条）。この他、憲法は、地方自治を重視し、地方公共団体の長、その議員等は、その地方公共団体の住民が直接選挙して選ぶこととしている（九三条二項）。

三　国民が直接立法等に関する意思決定を行うことは、先に述べた間接民主制の原理から許されないが、憲法自体の改正については、憲法は、主権者たる国民の最高の意思決定が必要であるとの見地に立って、国民投票を行い、その過半数の賛成がなければならないものとしている（九六条）。また、一の地方公共団体のみに適用される特別法については、その公共団体の住民の過半数の同意が必要であることが特に規定されている（九五条）。

第4問　平和主義と自衛隊の存在は矛盾しないか。

〔関係条文〕前文、九条

一　憲法は、平和主義を基本原理とし、前文で平和主義と国際協調主義を採ることを明らかにした上で、第二章（九条）を「戦争の放棄」と題して、国際紛争を解決する手段としての戦争と武力による威嚇又は武力の行使を永久に放棄すること（一項）、並びにこの目的を達成するために陸海空軍その他の戦力を持たないこと及び国の交戦権を認めないこと（二項）を規定している。この憲法の表現は、世界の各国に類を見ないほど徹底したものである（外国では、一部の国で侵略戦争の禁止が規定されているにとどまる。）。

憲法制定当時は、理想主義的傾向が強かったこと、各国が日本の武装解除を求めたこと、戦争による惨禍を経験した国民が強く非武装等を支持したことなどから、この規定は、文字どおりの戦争等の全面否定を意味するものと考えられてきた。しかし、その後においては、厳しい国際社会の現実等を踏まえ、この規定は、自衛権とそのための実力の保持等を禁じたものではないとする解釈が政府等において採られ、昭和二九年には自衛隊が設置されている。

二　憲法九条一項は国際紛争を解決する手段としての戦争、武力による威嚇及び武力の行使を禁じているが、独立国家に固有な自衛権までも否定する趣旨ではなく、自衛のための戦争等を禁止したものではない。[1] 最高裁も、憲法九条によって「わが国が主権国として持つ固有の自衛権は何ら否定されたものではなく」「わが国が、自国の平和と安全を維持しその存立を全うするために必要な自衛のための措置をとりうることは、国家固有の権能の行使として当然」であることを、明白に承認している。[2]

三　九条二項は、「前項の目的を達するため」に、陸海空軍その他の戦力を持つことを禁止している。一項では自衛のための実力行使が禁止されていないのであるから、自衛権の行使を裏付ける自衛のための必要最小限度の実力組織を保有することは、この規定に違反しないと解される（この規定で保有が禁止される「戦力」とは、自衛のための必要最小限度の実力を超えるものを意味する。）。自衛隊については、自衛のための必要最小限度の実力組織であり、これを保持することは憲法に違反しないと解すべきである。

なお、同条二項は、国の交戦権を認めないとしているが、これは、占領を行うなどの国際法上の交戦国の権利を否定したものであり、自衛権の行使としての必要最小限度の実力を行使すること自体を禁止したものではない。

（1）不戦条約や国際連合憲章等でも、侵略戦争を禁止しているが、「国際紛争を解決する手段として」でない自衛のための戦争等を禁止したものではない。
（2）最高裁大法廷判決昭和三四年一二月一六日・砂川事件。

第5問　日本国憲法の三権分立制の特徴は何か。

〔関係条文〕四一条、六五条、七六条、八一条

一　権力分立制とは、国家の統治権の作用を分けて、それぞれ別の機関に担当させ、各機関の独立と相互抑制によって、権力の乱用を防止し、国民の権利・自由を確保しようとする制度である。近代国家では、国家作用を、国民を拘束する法規範（法律）を制定する立法、法律を執行し、法律の下で各種の活動を行う行政、個々の具体的事件について法律を適用して裁判をする司法の三つに分けてそれぞれ別の機関に属させ、各機関はそれぞれの作用に関する最高機関となるとする三権分立制を採るのが一般である。日本国憲法も、立法権を国会に、行政権を内閣に、司法権を裁判所にそれぞれ属させる三権分立制を採ることとしている(1)（四一条、六五条、七六条）。

二　国会と内閣との関係については、憲法は、内閣が国会の信任を基礎として成立、存続し、国会に対して責任を負うとする議院内閣制を採っている。国会による統制としては、国会が国会議員の中から内閣総理大臣を指名すること、内閣総理大臣によって任命され、内閣総理大臣とともに内閣を構成する国務大臣の過半数は国会議員であることを要すること、内閣は国会に対して連帯して責任を負うこと、衆議院はいつでも内閣不信任の決議をすることができ、そのときは内閣は総辞職するか衆議院を解散しなければならず、衆議院を解散したときも、その総選挙後に初めて国会の召集があったと

きは総辞職しなければならないこと等が憲法上規定されている（六六条〜七〇条）。これに対し、内閣は、衆議院の解散を行うことを決定する権限を有する。(2) これは国会と内閣の対立があった場合には、主権者である国民の判断によって解決を図ろうとするものである。このような議院内閣制が採られた結果として、国会と内閣は相互に密接な関係を持つこととなるが、あくまで立法権は国会、行政権は内閣の権限であり、他の機関の権限を代わって行うことは許されない。

三　国会と内閣が密接な関係に立つのに対し、裁判所は、国会及び内閣に対して強い独立性を有している。内閣が裁判所に対して行うことができるのは、裁判官の任命（最高裁判所の長たる裁判官については指名）に限られ、その任命も、下級裁判所の裁判官については、最高裁判所の指名した者の名簿に基づかなければならないこととされている。また、国会が裁判所に対して行うことができるのは、裁判の基礎になる法律を制定することを除けば、非行等のあった裁判官を弾劾裁判によって罷免することに限られる。一方、裁判所は、すべての法律事件について裁判権を有しているところから、行政機関の処分等について、それが憲法又は法律に違反するか否かを判断することができる。さらに、国会で定められた法律自体についても、裁判所は、それが憲法に違反するか否かを審査する権限を有している。この違憲立法審査権を裁判所に認めていることは、現行憲法の特徴の一つである。

（1）　国会は「国権の最高機関」とされているが、これは、国会が主権者たる国民に最も近い地位にあることを示すだけであって、すべての場合に国会の意思が他の機関に優先するという意味ではない。
（2）　解散は天皇の国事行為であり、その実質的決定権は、「助言と承認」を行う内閣に属する（第79問参照）。

第6問　憲法が最高法規であるということの意味は何か。

〔関係条文〕九七条～九九条

一　憲法は、国家の組織及び作用について定めた根本規範であり、国家の法秩序において最も上位にあって、その改正も他の法律等に比べより厳重な手続を要することとされている。したがって、すべての国家の法及び作用は、これに反することは許されず、憲法に反した場合にはその効力は否定される。日本国憲法は、「この憲法は、国の最高法規であって、その条規に反する法律、命令、詔勅及び国務に関するその他の行為の全部又は一部は、その効力を有しない」ことを明記している（九八条一項）。また、この規定の前に、憲法が国民に保障する基本的人権の生成の由来とその永久不可侵性を明らかにした規定が置かれているが（九七条）、これは、人権保障が日本国憲法の核心であり、最高法規性はまさにそのためにあること（人権を侵害する法律等の規定の効力を否定することに最高法規であることの実質的意義があること）を表現したものと考えられる。

二　日本国憲法は、憲法の最高法規性を実質的に担保する手段として、「最高裁判所は、一切の法律、命令、規則又は処分が憲法に適合するかしないかを決定する権限を有する終審裁判所である」と規定し（八一条）、裁判所に違憲審査権を与えている。[1]なお、条約等についても、国内法的には憲法が優先することから、この違憲審査の対象になるものと解されている。[2]また、日本国憲法制定以前に制定された法令等に関しては、憲法に違反する詔勅等の効力が否定されることが規定されていることの反対解釈（規定されていない場合に、規定とは逆に解釈すること）として、その内容が憲法に違反しない限り、現行憲法の下でも効力を有するものと解されている。

三　日本国憲法はまた、「天皇又は摂政及び国務大臣、国会議員、裁判官その他の公務員は、この憲法を尊重し擁護する義務を負ふ」として（九九条）、憲法尊重擁護義務を明記している。この規定は、公務員に対して具体的な法律的効果を生じるものではないが、憲法を尊重擁護する旨の宣誓をさせる義務を負わせ、(3) あるいは日本国憲法施行の日以後において日本国憲法又はその下に成立した政府を暴力で破壊することを主張する政党その他の団体を結成し、加入したことを公務員の欠格事由とするといった立法がなされているのは、これを受けたものといえる。

なお、憲法自体の定める手段にのっとって、憲法を改正すべきことを国会議員等が主張することは、憲法が認めることであって、憲法尊重擁護義務に反することにはならない。

（1）　違憲審査権は、個々具体的な事件の訴訟があった場合に、その処理に必要な限度で行使される（第88問参照）。
（2）　第100問参照。
（3）　警察職員については、警察法三条において、「日本国憲法及び法律を擁護し、不偏不党且つ公平中正にその職務を遂行する旨の服務の宣誓を行うものとする」とされている。

第7問　国民は、憲法上どのような地位を有するか。

〔関係条文〕一条、一〇条

一　国民は、憲法上、統治の客体としての地位、基本的人権の主体としての地位、主権者としての地位及び国家機関としての地位を有している。それぞれの「国民」の意義については後述するが、その基本となる資格は国籍である。憲法は「日本国民たる要件は、法律で定める」（一〇条）とし、この規定を受けた国籍法によって、国籍取得の具体的な要件等が定められている[1]。また、日本国憲法は、国籍離脱の自由を保障し（二二条二項）、国籍法において、外国の国籍を有する者は、法務大臣に届け出ることによって日本の国籍を離脱することができることとしている。国籍を離脱した者は、「国民」ではなくなるから、主権者等としての地位を失う（ただし、外国人としても、我が国内にいる限り、国法に従う義務を負い、一定の範囲で基本的人権も認められる。）。

二　すべての国民は、国家の構成員として、国の統治権に服し、国法に従う義務を負う。この意味での「国民」とは、国籍を持つ者のすべてであり、天皇も、未成年者も含まれる。国民主権であるといっても、個々の国民は、その国民主権の下で定立された国家意思（国法）に従わなければならない（自らが反対であるからといって、多数の国民の代表者によって制定された法律に従わないとすることは許されない。）ことは当然である。次に、国民は、基本的人権の享有主体としての地位を有する。

すべての国民は、個人として生まれながらに基本的人権を享有する。この「国民」とは、すべての国民を意味するものと一般には解されているが、天皇については、その象徴としての地位から、政治的行動の自由を持たないなど一定の制約が加えられている。

三　国民は、主権者としての地位を有する。この「国民」とは、日本国籍を持つ個々の国民を意味するのではなく、その集合体を意味する（全国民の集合体が主権者なのであって、個々の国民が主権者なのではない。）。ただし、天皇の地位にある国民は、「国民主権」という考えが、統治の主体としての地位から天皇を排除する意味を持っているから、この「国民」には含まれない。また、国民は、憲法上の機関として、選挙による国会議員等の選定、憲法改正に関する投票等の国政上の作用を行う地位を有する。選挙における国家機関としての「国民」を構成する者の範囲は、主権者たる「国民」を構成する個々の国民のうち、選挙権を持たない者を除いたものである。社会的身分、財産等を選挙権の要件とすることは禁止されているが、合理的理由があれば、国民のうちで国家機関として国家意思の形成に参加し得ない者を法律で定め、これをこの意味の「国民」から除外することは許される。公職選挙法では、一八歳未満の者、受刑者、選挙犯罪で執行猶予中の者などを選挙権を有しないものとしている。一方、憲法改正は、一八歳以上の国民全員が投票権を有する（受刑者らも除外されない）。

（1）　日本国籍を持つ父又は母から出生した者は出生により（出生後に認知された者は法務大臣への届出により）国籍を取得し、その他の者は、一定の要件を満たす場合に、法務大臣の許可を受けて帰化することによって国籍を取得する（国籍法二条、四条）。

第8問　公務員として職務上どのような憲法解釈に従うことが必要か。

〔関係条文〕前文、九九条

一　憲法は国の最高法規である（九八条一項）。すべての公権力の行使は、憲法に反するものであってはならない。すべての公務員は、憲法を尊重し擁護する義務を負っている。したがって、公務員となった者は、内心でどのように思うかは別として、職務を行うに当たっては憲法に従わなければならない。警察の職員については、憲法を擁護する旨の服務の宣誓を行わなければならないことが特に規定されているが（警察法三条）、公務員として憲法を擁護しなければならないのは当然のことである。憲法を尊重し、擁護するといっても、実際には憲法の各条項について様々な解釈が主張されており、それによって相反する結論が生じている以上、どのような解釈にのっとって職務を行うのかが問題となる。個人として内心でどの説を正当と考えるかはあくまで本人の自由であるが、職務を行うに当たっては、公的解釈に拠らなければならない。公的解釈としては、最高裁判所の判例、国会の立法等で示された見解がある。

二　最高裁判所は、一切の法律、命令、規則又は処分が憲法に適合するかしないかを決定する権限を有する終審裁判所である（八一条）から、最高裁判所の見解が示されている場合には、あらゆる公的機関はその見解に従わなければならない。これは、憲法自体が最高裁判所に最終的有権解釈権を与えた以上、当然のことである。なお、最高裁判所以外の裁判所（下級審）の判断は、かりに訴訟としては確定しても、その事件について当事者を拘束するだけであって、政府等にその解釈に従うことを義務付けるものではない。

三　法律は、国権の最高機関である国会が憲法に違反しないと判断して制定したものであるから、行政府の職員は、最高裁判所によって法律が違憲とされない限り、これを合憲のものとして取り扱わなければならない(1)。公務員が国会が立法という形式で示した憲法の解釈が誤っているとして、その執行を拒否し、あるいはそれに反する行動をとることは許されない。例えば、自衛隊法が定められている以上、自衛隊の存在を違憲と解することは許されない。

法律で明確な憲法判断が示されておらず、最高裁判所の解釈も示されていない場合には、政府等においては自ら解釈を行うことが必要となる(2)。この場合でも、公務員は、その所属する機関又はより上位の機関から解釈が示されているときは、それに従わなければならない。これら以外の解釈は、たとえ学者の中の多数説であっても、公務員を拘束するものではない。学説及び下級審の裁判例で示された見解は、自ら検討する際の一つの参考となるにとどまる。

（1）法律を誠実に執行することが、行政機関の義務である（七三条一号参照）。
（2）内閣には、政府としての憲法解釈等を適切に行うための機関として、内閣法制局が置かれている。

第二章　基本的人権

第9問　憲法が保障する基本的人権の意義は何か。

〔関係条文〕一一条～一三条

一　基本的人権とは、人間が生まれながらにして持つ固有の基本的権利を意味する。つまり、基本的人権とは、国家から恩恵として与えられた権利ではなく、人間が人間として当然に有する権利であって、国家が奪うことが許されないものという性格を有する。明治憲法で認められた「臣民ノ権利」は、国家が恩恵として与えたものとされていた。これに対し、日本国憲法は、「国民は、すべての基本的人権の享有を妨げられない。この憲法が国民に保障する基本的人権は、侵すことのできない永久の権利として、現在及び将来の国民に与へられる。」（一一条）と定め、国家が恩恵として与えるのではなく、人間が生まれながらに持つものとしての基本的人権を保障している。

また、基本的人権が「侵すことのできない権利」であるということは、行政権が侵害してはならないという意味だけではなく、立法権によってこれを侵害してはならないことを意味する。明治憲法で集会、結社の自由などを「法律ノ範囲内ニ於テ」保障するとしていたのに対し、日本国憲法では、「集会、結社及び言論、出版その他一切の表現の自由は、これを保障する。」などと定め、法律で制限することを一般的に認めていない(1)のも、この現れである。

二　しかし、「侵すことができない」といっても、あらゆる制限が認められないということにはならない。人間が社会生活を営むものである以上、個々人の利益の調整が必要となるのであって、およそ無制限な自由を認めることは不可能である（例えば、表現の自由をどんなに尊重する社会でも、殺人を呼びかける自由を認めることはできないであろう。）。基本的人権の保障にも限界があり、社会的共同生活を営む上で当然に必要とされる制約が存在する。憲法が、基本的人権について、「国民は、これを濫用してはならないのであって、常に公共の福祉のために利用する責任を負ふ。」、「公共の福祉に反しない限り、立法その他の国政の上で、最大の尊重を必要とする。」と規定している（一二条、一三条）のは、この社会的共同生活に起因する制約としての「公共の福祉」によって、基本的人権を制限することが認められることを示したものである。

三　基本的人権の保障は、公共の福祉に反しない限り絶対的なものであり、立法権も行政権も侵すことはできない。公務員は、憲法を尊重、擁護する義務を負うのであって、憲法の保障する基本的人権を侵す行為をすることは許されない。この保障を具体的に担保するものとして、憲法は、裁判所に違憲審査権を与え（八一条）、基本的人権を制限する法律及び行政機関の行為が憲法に違反するか否かを判断することができることとしている。また、「この憲法が国民に保障する自由及び権利は、国民の不断の努力によって、これを保持しなければならない。」と規定している（一二条）のは、国民が自らの権利行使の乱用を慎むとともに、主権者としての立場から、国民の基本的人権を侵害することがないように、国の権力行使を統制することを求めたものである。

（1）　財産権については、現行憲法上も、その内容は法律で定めることとされている。

第10問　憲法の保障する基本的人権には、どのようなものがあるか。

〔関係条文〕一一条～四〇条

一　憲法の保障する基本的人権は、自由権的基本権、社会権的基本権、参政権及び受益権に分けることができる。自由権的基本権とは、個人が国家から干渉されない権利（国家の不作為を要求する権利）を意味する。近代国家における基本的人権の保障の歴史の中で、最初に取り上げられたのがこの自由権的基本権であり、「人間が人間として当然に有する権利」あるいは「国家が存在する以前からの権利」という基本的人権についていわれる性質は、この自由権的基本権に最もよく当てはまる。自由権的基本権のうち、経済的自由権については、憲法が一方で社会権を規定し、国家の経済活動に対する積極的介入を予定しているところから、精神的自由権に比べ、一般的により広い制限が認められると解されている。憲法では、精神的自由権として、思想及び良心の自由（一九条）、信教の自由（二〇条）、集会・結社及び表現の自由（二一条）、学問の自由（二三条）が、経済的自由権として、居住・移転・職業選択の自由（二二条）、財産権の保障（二九条）が、それぞれ規定されている。また、このほか、自由権的基本権として、身体の自由（奴隷的拘束及び苦役からの自由・一八条）と刑事手続における被疑者・被告人等の権利（三一条、三三条～三九条）が規定されている。

二　社会権的基本権とは、国民の側から国家に対して社会的・経済的弱者保護のための積極的行為を要求するものである。過去においては、国家権力の行使はできるだけ限定すべきであると考えられていたが、現代では、経済的・社会的弱者の存在を放置するのではなく、国家が積極的に介入し、多数人の幸福を実現することが望まれるに至っている。社会権的基本権を憲法に規定することは、福祉国家の実現を国家の目的とすることを宣言することにほかならない。したがって、この権利規定は、国政の指導原理としては重要な意味を持つが、自由権的基本権とは異なり、そのままでは具体的権利性に乏しく、裁判による解決になじまないものと考えられている。[1]生存権（二五条）、教育を受ける権利（二六条）、勤労の権利（二七条）、勤労者の権利（二八条）がこの社会権的基本権に属する。

三　参政権とは、国民が国家意思の形成に参加する権利を意味する。国民主権を採る以上、国民が当然に有する権利であり、公務員の選定・罷免権（一五条）の規定がこれに当たる。受益権とは、国民が国家に対して一定の行為を行うことを要求する権利を意味する。請願権（一六条）、国家賠償請求権（一七条）、裁判を受ける権利（三二条）、刑事補償請求権（四〇条）がこれに属する。

以上のほか、憲法は、法の下の平等を規定し（一四条）、それを家族生活において具体化する規定を置いている（二四条）。また、今日では、個人の尊重と「生命、自由及び幸福追求に関する国民の権利」をうたった規定（一三条）を基にして、さまざまな権利が主張され、みだりに容ぼう等を撮影されない自由といったものが判例によって認められている。

（1）憲法の規定のみを根拠として権利主張することは、通常は認められない。社会権的基本権は、これを具体化した法律が制定されることによって個々人の権利となる。

第11問　基本的人権と公共の福祉とは、どのような関係に立つか。

〔関係条文〕一二条、一三条

一　憲法は、基本的人権の尊重をその基本原理とし、国民の享有する基本的人権は侵すことができないものであるとしている。しかし、人間が社会生活を営むものである以上、絶対無制限な権利はあり得ない。他の個人の権利・自由に対する侵害や、国民生活全体に対して危害を与えることについては、これを全く自由にしておくことはできない。基本的人権の保障といっても、このような社会共同生活を営むことに起因する制約が加えられることを当然の前提としているのである。日本国憲法は、このような人間の社会生活上の必要性（社会の成員の共通の利益）を「公共の福祉」という言葉で表し、すべての基本的人権に共通するものとして、濫用（乱用）の禁止と「公共の福祉」のために人権を利用する責任とを明らかにし（一二条）、さらに、「生命、自由及び幸福追求に対する国民の権利については、公共の福祉に反しない限り、立法その他の国政の上で、最大の尊重を必要とする。」と定め（一三条）、どのような基本的人権についても、「公共の福祉」のために制限を加えることが許され得ることを明らかにしている。(1)

二　基本的人権に対する制限は「公共の福祉」のために必要最小限度に限って許されることとなるが、問題は、どのような場合にどの程度の人権に対する制限を行うことが許されるかである。これについては、あくまで個々の具体的な問題ごとに、その制約を加えることによって保護されるべき法益の大きさと、制限される基本的人権の性質、制限の内容、手続等を総合的に考慮した上で、判断されることとなる。国民の権利・自由を制限する法律又は条例は極めて多数あるが、それらは、いずれも公共の福祉に必要な限度であると立法者が判断したものであり、行政を行うものとしては、その判断に従うのが当然である。憲法は、裁判所に違憲審査権を与えているから、それらの法律等による基本的人権の制限が、憲法の定めるこの「公共の福祉」に必要な限度内であるか否かは、結局最高裁判所によって判断されることになる。(2)

三　財産権の保障及び職業選択の自由については、それぞれ、「財産権の内容は、公共の福祉に適合するやうに、法律でこれを定める。」(二九条二項)、「何人も、公共の福祉に反しない限り、居住、移転及び職業選択の自由を有する。」(二二条一項)と規定されている。この「公共の福祉」はすべての人権について当てはまる内在的な制約(他人の権利等を侵さないための最小限度の制約)だけでなく、多数人の福祉の向上といった政策的な必要性による制約をも含むものであって、これらの権利については、より積極的、政策的な見地からの制限を加えることを認めたものであると解されている。

(1)　判例は、一貫してこの考えを採っている。なお、「公共の福祉」による制約は認められないとする学説も存在するが、そのような学説も権利に内在する制約は認めているのであって、「公共の福祉」という言葉を使うか否かの違いでしかない。

(2)　学説において違憲であると主張されるものは多いが、最高裁判所は、ほとんどすべてについて、憲法に反しないものとしている。

第12問　基本的人権の保障は、どのようにして実現されるか

〔関係条文〕一三条、八一条

一　国及び地方公共団体は、憲法の保障する基本的人権を守らなければならない。自由権についていえば、警察を含む行政機関は、憲法の保障する自由を侵害することのないようにしなければならないのであって、要件を実質的に満たしていない（形式的には満たしていても実体的な必要性がない）のに権限を行使する、必要な限度を超え、あるいはふつりあいな負担を相手に負わせる、法律の趣旨目的と異なるもののために権限を用いるといった行為は、相手方の人権を不当に侵害するものであって許されない。立法機関である国会も、法規の内容が基本的人権を侵害しない（自由権の不当な侵害とならない、法の下の平等に反しない）ようにすることが求められる。

二　自由権や平等権などの基本的人権を守ることは、全ての公の機関の義務であるが、公平で独立した裁判所によって憲法に違反していないかどうかを審査されることが、人権保障の上で特に重要である。裁判所は、個別の事件に関して、その措置あるいは根拠とされた法規が違憲かどうかを判断する。(1)最高裁判所が違憲と判断した場合、その判断は最終的なものとして、全国家機関を拘束する。違憲審査権は憲法の定める人権実現の手段の中で、最も重要なものである。合憲性が争われた法規を条文の表現より狭い範囲のものと限定して解釈し、限定された解釈によれば憲法に違反しない、という

判断を裁判所が示すこと（合憲限定解釈）は、実質的に人権を保障するものである。警察を含む行政機関は、最高裁で示された限定合憲解釈を遵守しなければならない。(2)

三　基本的人権の保障を実現する上では、憲法に違反しないというだけでなく、憲法の規定ないし理念に適合した制度を作ることが求められる。ことに、国家に積極的な行為を求めるものや国民が国政に関与するものについては、法律で制度を作ることによって初めて人権が実現される。国家賠償請求権を具体化するものとして国家賠償法が制定され、生存権を実現するために生活保護制度が作られているのがその例である。最近では、行政を統制するために情報公開法が制定され、あるいは児童虐待防止法のような私人による人権侵害から人を保護するための法律の制定、さらには行政手続法や個人情報保護法などの新しい権利利益の保護を図る立法が展開されている。

（1）　基本的人権の制限が正当化されるのは、制限が必要かつ合理的な場合に限られる。精神的自由の場合には、経済的自由の場合に比べて、必要性合理性に関してより厳格な審査が加えられる。

（2）　例えば、旧監獄法における未決拘禁者の新聞閲読制限について、監獄内の規律と秩序の維持上放置できない程度の障害が生ずる相当の蓋然性がある場合に限って認められるとした事例（最高裁大法廷判決昭和五八年六月二二日・よど号ハイジャック記事抹消事件）、市民会館の使用拒否事由を極めて限定的に解した事例（最高裁判決平成七年三月七日・泉佐野市民会館事件）などがある。広島市暴走族追放条例でも、規制対象が限定して解釈されている（最高裁判決平成一九年九月一八日）。

第13問　警察が権限を行使することで国民の人権を守るとはどのような意味か。

〔関係条文〕一三条

一　憲法の定める基本的人権の保障は、人としての尊厳に根ざしている。人間はどのような関係においても人として尊重されなければならないのであって、公権力との間だけでなく、国民相互の間でも人権が尊重されなければならない。差別や暴力は、公権力と無関係な私人の行為でも、人権保障上放置してはならないことである。(1) 個々の自由権の規定は専ら国家からの侵害を防ぐものであって、私人相互の契約関係に直接的に及ぼされるものではないが、自らの政治的主張を表現するために街頭活動（集団行進や集団示威活動）をしようとしても、反対する勢力の妨害があって行うことができないとすれば、集会・結社あるいは表現の自由は実現されない。自由権を全うするには、公的機関によって違法な妨害行為が抑止されることが必要なのである。さらに、人の身体の自由や人間としての尊厳を害する行為から、個人を保護することは、その者の人権を守る上で必要不可欠なことである。

二　特に、近年には、子どもや女性の人権を私人の侵害から守るべきことが、大きな課題とされている。児童虐待から児童を守るために、児童虐待防止法が制定され、性的搾取から児童を守るために児童買春・児童ポルノ処罰法が制定されている。特に、児童買春や児童ポルノ（チャイルドポルノ）については、国際的な人権保護の課題とされ、(2)(3) アジア地域における日本人観光客等の行為も国民の国外犯として処罰対象とされている。また、女性の被害については、人身取引の防止が国際的な課題とされ、人身売買罪の刑法への追加をはじめとする法的な整備が図られている。さらに、夫婦間における暴力をめぐって、配偶者暴力防止法が制定され裁判所の保護命令制度が導入されている。この法律の前文にもあるとおり、私人間の人権侵害が個人の尊厳と両性の平等という憲法上の問題であり、公権力的関与によって防止すべき対象であることを、国権の最高機関である国会自身が明らかにしているのである。

三　長い間、人権の問題は公権力からの被害を防ぐものが主として論じられてきた。警察官を含めた公権力行使の行き過ぎが許されないことはいうまでもない。しかし、同時に権力を行使することで、初めて守られる人権があることも、軽視してはならない。児童虐待、性犯罪など、人の身体に対する犯罪は、人権侵害の典型である。警察が積極的な権限行使によって、個人を救出し、被害を防ぐことが、人権の保護の上からも強く求められているのである。

（1）　私人による侵害は、人間の尊厳にかかわるものと、差別とが主である。
（2）　児童の権利条約が一九八九年に採択され、さらに児童売買、買春、ポルノについて犯罪化すること等を定めた議定書が二〇〇〇年に国連総会で採択されている。
（3）　日本でチャイルドポルノの単純所持を罰していなかったことについて、児童の人権保障上不十分であるとして、国際的な厳しい批判の対象となっていた（平成二六年に改正法が制定され、翌年から処罰されるようになった。）。国家の権力行使、処罰拡大に反対する古い人権主張が、今日の国際的人権観に反するものとなることを示している。

第14問　日本国憲法は、外国人の基本的人権を保障しているか。

〔関係条文〕一〇条～一三条

一　日本国憲法には、外国人の基本的人権を保障することを明確にした規定はない。逆に、基本的人権の保障を規定した第三章が「国民の権利及び義務」と題されていること、第三章の冒頭に国民の要件を定める規定が置かれ（一〇条）、基本的人権の保障の基本原理を明らかにした一一条から一三条までがいずれも文言上「国民」に対する保障を規定していることからすれば、日本国憲法は、外国人の基本的人権を直接には保障していないと解する考え方もあり得る。しかし、日本国憲法は、基本的人権について、単に国家が恩恵として与えたものではなく、人間が人間であることによって生まれながらに有するものであるという立場に立っていることから、外国人についても、一定の範囲で基本的人権を認めたものであると解される。

二　特定の人権が外国人に認められるか否かについては、憲法上の表現（「何人も」となっているか、「国民は」となっているか）によって決すべきとする説もあるが(1)、「何人も」となっていても外国人に適用されるとは考えられないものもあるところから、人権の性質によって分けられるとするのが通説であり、判例も、「憲法第三章の諸規定による基本的人権の保障は、権利の性質上日本国民のみを対象としていると解されるものを除き、わが国に在留する外国人に対しても、等しく及ぶものと解

すべき」であるとして、この立場に立つことを明らかにしている。(2)

権利の性質上外国人には認められないものとしては、参政権及び社会権が挙げられる。参政権は、国民の主権者としての地位の反映であるから、その主体は国民に限られる。また、生存権等の社会権も、国家に対して積極的な行為を求めるものであるから、外国人にまで認めているとは解されず、社会保障などの対象から外国人を除いても、憲法上の問題は生じない。これに対し、精神的自由権、経済的自由権、刑事手続における権利などについては、人間として当然に有すべきものであるから、外国人にも原則として認められる。

三　外国人に憲法上の人権の保障が及ぶ場合には、これを制限することは、公共の福祉のための必要性が、その人権の保障の必要性を上回るときに限って認められる。しかし、この場合でも、すべて国民と同じ扱いを受けることが保障されているわけではなく、合理的な理由があれば、国民と異なった扱いをすることも認められる。(3) 一定の職業から外国人を排除すること、外国人であることを理由として特別の義務を課すことも、合理的理由があれば憲法上認められる。また、政治活動についても、「我が国の政治的意思決定又はその実施に影響を及ぼすようなもの」を外国人が行うことを制限することができ、政治的活動を理由に在留更新を拒んでも憲法に違反することにはならない。

(1)　例えば、二二条二項の国籍離脱の自由は、「何人も」とされているが、国民以外には当てはまらない。
(2)　最高裁大法廷判決昭和五三年一〇月四日・マクリーン事件。
(3)　平等原則を規定した憲法一四条も、人種等による差別は明示的に禁止しているのに対し、国籍を差別禁止事由に挙げていない。

第15問　法人は、基本的人権を享有するか。

一　基本的人権はもともと人（法人を含まない。以下「自然人」という。）について保障されたものである。法人はその存在自体が国家の法律によってはじめて認められるにすぎないこと、法人は自然人によって構成され、自然人を通じて行動し、その利益は結局は自然人に還元されることから、法人自体に対して基本的人権の保障を考える必要がないとする見方も成立し得る。

しかし、現代社会においては、組織化された会社その他の団体の存在や活動を無視することができず、法人の活動を個人に還元・分解することが非現実的となってきている。このため今日では、法人についても、その性質に反しない限り憲法の基本的人権の保障が及ぶと解するのが通説であり、判例も「憲法第三章に定める国民の権利及び義務の各条項は、性質上可能な限り、内国の法人にも適用されるものと解すべきである」と述べ、内国法人(1)についてこの考え方を採ることを明らかにしている。(2)

二　法人がいかなる範囲の基本的人権を享有するかは、人権の性質及び法人の目的・性格によって定まる。選挙権・被選挙権、人身の自由、生存権などを法人が享有し得ないことは異論がない。逆に、財産権、営業の自由等の経済的活動の自由、国家賠償請求権や裁判を受ける権利といった受益権、通信の秘密などについては、法人も享有することができるものと解され、さらに、刑事手続上の人権についても、捜索・差押えに関する令状主義の保障などは法人にも及ぶものと解されている。

これに対して、精神的活動の自由については、法人が思想等を有するものではないことを理由として、法人には認められないとする見解も存在する。しかし、宗教法人が信教の自由を、学校法人が学問の自由を享有することは、それぞれの法人の本質に照らして必要なことなのであって、法人であるからという理由で精神的活動の自由を否定すべきこととはならない。また、表現の自由や集会・結社の自由についても、単にその法人を構成し、行動する自然人に自由が認められるだけでなく、その法人自体にも広く及ぶものと解すべきである。判例も、報道機関にいわゆる報道の自由が保障されることを認めている。(3)

三　法人が人権享有主体となる場合には、その程度が問題となるが、法人の目的・性格とその人権の性質によっては、自然人と異なることもあり得ると考えられる。もっとも、過去に問題となった会社の政治献金については、最高裁は、会社が自然人たる国民と同様に政治的活動をなす自由を有することを前提とした上で、「政治資金の寄付もまさにその自由の一環であり……これを自然人たる国民による寄付と別異に扱うべき憲法上の要請があるものではない」と判断している。(4)

（1）日本に主たる事務所の所在地を有し、日本の法律に基づいて設立された法人をいう。
（2）最高裁大法廷判決昭和四四年六月二四日・八幡製鉄事件。
（3）最高裁大法廷決定昭和四四年一一月二六日・博多駅フィルム提出事件。
（4）前掲八幡製鉄事件判決。

第16問　憲法の基本的人権の保障の規定は、私人間の契約関係にも適用されるか。

一　近代国家における憲法は、国家権力を制限し、それによって国民の基本的人権を保障するという考えを基本としている。このため、憲法の規定は、基本的には、国家を拘束するものであって、個々の国民相互の契約関係には直接あてはまるものではないのが原則である。

現行憲法の基本的人権の規定の中には、直接私人間に適用させることを明らかにしたものも存在する(1)。また、元々私人相互間の社会的経済的実力の不平等を前提とし、その是正を図るために設けられた社会的基本権の場合には、その趣旨から私人間に効力を及ぼすことが予定されていると考えられるものもある(2)。これらの場合には、憲法の規定が私人間に及ぶものと解することができる。

二　これに対し、自由権的基本権や平等権の保障の規定については、歴史的にみても国家権力に対して国民の自由や平等を保障する趣旨で設けられたものであり、また、私人間では私的自治が認められているのであって、これらを無視して、私人同士の契約関係に憲法の規定が直接適用されると解することはできない。最高裁も、会社の社員採用と思想・信条の自由との関係が争われた事件において、憲法一四条及び一九条の「各規定は、同法第三章のその他の自由権的基本権の保障規定と同じく、国又は公共団体の統治行動に対して個人の基本的な自由と平等を保障する目的に出たもので、もっぱら国又は公共団体と個人との関係を規律するものであり、私人相互の関係を直接規律することを予定したものではない。」と述べ、私人同士の契約関係にはそのまま適用ないしは類推適用できないとしている。[3]

三　一方、私人間には、私法上の一般原則として、公序良俗に違反する契約を無効とする民法九〇条等の私的自治に対する制限規定（調整規定）が存在しているのであり、憲法が特に規定を設けて自由権的基本権を保障していることが、公序良俗等の解釈・適用に影響を与え、この私法上の規定を通じて契約等の効力が否定されることもあり得る。[4]これは一方で私的自治の原則を尊重しつつ、他方で社会的許容性の限度を超える侵害に対して自由・平等の利益を保護し、その調整を図ることを可能とするものといえる。男女の定年に差を設けることが争われた事件については、最高裁は、憲法一四条を参照しつつ、性別のみによる不合理な差別を定めたものであって、民法九〇条の規定により無効であるとしている。[5]

（1）「選挙人は、その選択に関し公的にも私的にも責任を問われない。」とした憲法一五条四項の規定はその例である。「奴隷的拘束及び苦役からの自由」を定めた憲法一八条の規定も同様である。
（2）「児童は、これを酷使してはならない。」とした憲法二七条三項の規定はこの例である。
（3）最高裁大法廷判決昭和四八年一二月一二日・三菱樹脂事件。
（4）この考え方は、間接適用説と呼ばれている。
（5）最高裁判決昭和五六年三月二〇日・日産自動車男女定年制事件。

第17問　被留置者の権利自由の制限にはどのような特徴があるか。

〔関係条文〕一三条、二一一条一項

一　被留置者については、身体の自由が大きく制限されるのは制度上当然のことであるが、それ以外の自由の制限は、逮捕勾留の目的である罪証隠滅及び逃走の防止の観点と、留置施設内の規律や秩序を維持する観点から、必要かつ合理的な範囲で認められる。刑務所、拘置所等の刑事施設に収容されている者（被収容者）のうち未決の者も、基本的に同じである（受刑者の場合には矯正処遇の面からの制限が加えられる。）。

二　被留置者や被収容者も、基本的人権が保障されることに変わりはない。制限の可否は、制限の必要性の程度と、制限される人権の内容、具体的な制限の態様によって判断される。重要な人権を制限するのは、それだけの高い必要性がなければならない。

刑事施設における喫煙の禁止に関しては、特別の事情がなくとも憲法に反するものではないとされている。(1)これに対し、未決拘禁者の新聞の閲読制限（特定記事の抹消）は、情報に自由に接することの重要性と、未決拘禁者には一般市民としての自由が原則として認められるべきことから、拘置所内の規律及び秩序の維持上放置できない程度の障害が生ずる相当の蓋然性が認められる場合でなければならず、制限の程度もその障害発生の防止のために必要かつ合理的範囲でなければならない。(2)受刑者の信書の発受についても、同様に、刑務所内の規律及び秩序の維持、受刑者の身柄確保、受刑者の改善・更生において放置できない程度の障害が生ずる相当の蓋然性がない限り、制限することは違法とされる[3]。被留置者が一人で行う礼拝その他の宗教上の行為について、施設の規律及び秩序の維持その他管理運営上支障を生ずるおそれがある場合以外には、禁止や制限することができないとされているのも、同様の考えによるものといえる。

三　被留置者や被収容者の場合、権利や自由の制限に全て法律の根拠がなければならないとはいえない（法律の委任のない規則によって喫煙を制限してきたことは、判例上も認められている。）。しかし、被拘禁者にとって重要な意味を持つ権利自由を制限するには、法律の具体的な根拠規定が存在しなければならず、委任のない命令は無効とされ[4]、広範な規制を定める規定は憲法に照らして限定解釈が加えられる。このため、監獄法の全面改正においては、被収容者の権利制限等に関しても法律によって具体的な定めを設けるという考えに立って、刑事収容施設法が定められた。

（1）　最高裁大法廷判決昭和四五年九月一六日。
（2）　最高裁大法廷判決昭和五八年六月二二日。本件は、被収容者が定期購読している新聞に掲載されたよど号ハイジャック事件の記事を抹消したことが争われたもので、障害の発生する蓋然性、制限の程度とも要件を満たすとして、憲法に反しないと判断されている。
（3）　最高裁判決平成一八年三月二三日。取材や調査等を求める手紙を新聞社宛に送ることを不許可としたことが違法とされ、国家賠償が認められている。
（4）　最高裁判決平成三年七月九日は、当時の監獄法施行規則が一四歳未満の者との接見を禁止していたことについて、法律の委任の範囲を超えた無効なものであるとした。

第18問　思想・良心の自由はいかなる場合も制限することが許されないか。

〔関係条文〕一九条

一　憲法は、「思想及び良心の自由は、これを侵してはならない」(一九条)と規定している。思想及び良心とは、人間の心の中の判断(精神作用)を意味し、各種の世界観、人生観、思想体系、政治的意見、主義・主張がすべて含まれる。人の内心に国家が介入しないことが近代国家における個人の尊重・人権尊重の出発点である。思想・良心の自由については、それがあくまで個人の内面にとどまる限り、他の利益と衝突することはなく、公共の福祉を害することにはならないから、およそその制限は認められない。その意味で、思想・良心の自由は、「絶対的」なものであるといえる。

二　思想・良心の自由は、具体的には、国家が個人に特定の思想等を強制してはならないこと、思想・良心によって個人を差別してはならないこと(憲法一四条の「信条」による差別にも当たる。)及び思想・良心に関して沈黙の自由を認めること(内心を外部に表すことを強制してはならないこと)を意味するから、これらに当たる行為はすべて許されない。(1)

これに対し、単に特定の事実についての知識の有無を問い、それについて答弁を強制することは、思想・良心の範囲外であって、この自由の問題とはならない。名誉毀損の被害回復の手段として謝罪広告の掲載を命ずることについても、判例上「単に事態の真相を告白し陳謝の意を表明するに止まる程度のもの」ならば「倫理的な意思、良心の自由を侵害することを要求するものとは解されない」から、憲法に違反しないものとされている。(2) また、公務員に服務の宣誓を行わせることについても、公務員が憲法尊重擁護等の義務を負っている以上、当然に認められる。なお、思想・良心の自由は、あくまでもそれが内心にとどまっている限りにおける保障であって、それを表明し、あるいはそれに基づいて行動することは、この自由に属するものではなく、表現の自由等の問題であって、公共の福祉に必要な限度において制約を加えることも憲法上許される。

三　団体や企業に関しては憲法の規定が直接適用されることはないが、加入が強制されている団体の場合、政治的な意味のある意思決定は、反対の会員の思想・良心の自由との関係で違法とされ得る。また、民間企業の場合は、契約締結の自由があるが、差別的扱いが民法上の公序良俗違反として違法とされることもあり得る。(3)

(1)　学校行事の国歌斉唱に際してピアノの伴奏を命ずることは、特定の思想の強制・禁止、思想表明のいずれにも該当しない（最高裁判決平成一九年二月二七日）。

(2)　最高裁大法廷判決昭和三一年七月四日。

(3)　企業が特定の思想信条を持つ者の採用を拒否しても違法でないとされた判例がある（最高裁大法廷判決昭和四八年一二月一二日）が、今日では、原則として、そのような調査をすべきものではないと考えられている。

第19問　集会・結社・表現の自由の保障は、どのような意義をもつか。

〔関係条文〕二一条

一　憲法は、「集会、結社及び言論、出版その他一切の表現の自由」を保障することを定めている（二一条一項）。集会の自由及び結社の自由は、集会（多数人が共同の目的を持って一定の場所に集まること）又は結社（多数人が共同の目的をもって組織を結成すること）を主催・結成し、又はそれに参加することの自由を保障するものであり、集団を通じて自らの思想等を表現するものとして、表現の自由と密接な関係を有している。表現の自由は、言論・出版はもとより、絵画・演劇・映画・テレビなど、あらゆる媒体を通じた思想等の表現・伝達の自由を意味する。思想・良心の自由が保障されていてもその思想等の外部的表現が許されなければ、その自由の保障の意味は乏しい。集会・結社・表現の自由は、人の内心における精神作用を外部に表明し、あるいは思想等を同じくする他者と集団的行動をとることを保障したものであり、精神的自由の中で実質的に最も重要である。

二　現行憲法が基本としている民主主義は、個人の人格を重んじ、また、その政治的意思決定においても各人の間で自由な意見の交換が行われることを前提としている。したがって、集会・結社・表現の自由は、この民主主義の基礎として重要な意義を有する。明治憲法下における「言論著作印行集会及結社ノ自由」は、「法律ノ範囲内」で保障されるにとどまり、法律によって一定の結社の禁止を含む極めて強い制約が加えられていた。これに対し、現行憲法の規定は、その対象を「一切の表現の自由」にまで拡げるとともに、何らの限界を設けていないから、法律によってもこれらの自由を奪うことは許されず、国政においてこの自由を最大限尊重することが求められることになる。

三　しかし、集会・結社・表現の自由を行使することは、思想・良心の自由の場合とは異なり、その方法等によっては、他の個人の権利・自由を侵害し、社会全体の公益を侵害することもあり得るから、絶対無制約なものということはできず、公共の福祉に必要な限度で制限を加えることも認められる。例えば、チャイルドポルノ写真の流通、他人の名誉を毀損する出版、犯罪をせん動する言論、道路交通に危険を生じさせる行動などについては、公共の福祉の見地から、法律によって一定の限度の制限が加えられている。判例も、憲法二一条の自由が重要なものであることを前提としつつ、その保障は絶対無制限なものではなく、公共の福祉のために必要かつ合理的な制限を受け得るものであって、これらの規制が憲法に違反しないことをくりかえし明らかにしている。もとより、公共の福祉の必要性があるからといって、この自由の制限が当然に許されることにはならない。既に述べたとおり、この自由は民主主義の基礎として重要な意義をもつものであるから、その制限は、必要性（放置することによって生じる公共の福祉の支障の程度）とその人権の制限の重大性とを比較して、制限の必要性がより高い場合に限って、必要最小限度で認められることになる。また、法律の規定が広い制限を課すことができるようにみえる場合であっても、警察等の行政機関が必要最小限度を超えて制限を課すことは許されない。

第20問　集会に対する規制としてどのようなものが認められるか。

〔関係条文〕二一条一項

一　憲法は、集会の自由を保障している。集会とは、多数人が共通の目的（例えば政治上の目的、社会的活動としての目的など）のために特定の場所に集合することを意味する。集会は対外的に意見を表明するための有効な手段でもあり、その自由は「民主主義社会における重要な基本的人権の一つ」であるが、多数人が集合して行うことによって他者の権利ないし利益と衝突する場合に、必要不可欠な最小限度の規制を設けることは、憲法上許される。集会を直接に規制するのは、暴力主義的破壊活動を行った団体に対して公安審査委員会が一定の期間・場所での集会を禁止するもの（破壊活動防止法）、多数の暴力主義的破壊活動者の集合に用いられている工作物について国土交通大臣がその使用を禁止するもの（成田国際空港の安全確保に関する緊急措置法（成田新法））など、いずれも例外的な場合である。

二　集会をするのに市民会館のような公共施設が多く用いられる。施設利用が拒まれると、実質的に集会をすることが困難になる。このため、集会の自由の保障は公共施設の使用に及ぶものと解されている。判例も、公共施設の構造・設備等からみて利用を不相当とする場合や他の利用希望が競合する場合のほかは、明らかな差し迫った危険があるような場合でなければ利用を拒否できないものとしている。[1]なお、公共的施設でも、集会に用いることが一般的に予定されていない施設（例えば学校施設）の場合には、憲法の集会の自由による保護が及ぶことにはならず、施設管理者の裁量が認められる。また、公園に関しては、多くの人が自由に利用すべき場所であって、多数人が一度に使用すると公園管理上の問題が生ずる（他者の利用を制限することになるし、場合によって施設維持上の問題も生ずる）ことから、集会への使用を常に認めるべきということにはならない。[2]集会に対して他人の妨害行為が予測される場合には、警察が各種の警備的な対応を行うことによって、実質的に集会の自由を保護する役割を果たしている。

三　集団行進、集団示威運動（デモ行進）は、集会の一つの態様であり、憲法上その自由が保障される。もっとも、言論や出版とは異なり、集団の物理的な力を背景にした行動であり、地域の安全秩序の維持や交通秩序の維持といった観点から、規制を加えることがあり得る。いわゆる公安条例の規制や、道路交通法に基づく規制が行われている。

（1）　最高裁判決平成七年三月七日・泉佐野市民会館事件。明らかに差し迫った危険の発生が具体的に予見される場合でなければ使用を拒否できないとしつつ、実質上の主催者と目されるグループが違法な実力行使を繰り返していたことを踏まえ、「付近住民等の生命、身体又は財産が侵害されるという事態を生じることが、客観的事実によって具体的に明らかに予見された」として本件拒否は憲法に違反しないとした。

（2）　最高裁大法廷判決昭和二八年一二月二三日・皇居前広場事件は、管理者が管理上の理由で不許可としたことが憲法に違反しないとした。

第21問　公安条例によるデモ規制は、憲法に違反しないか。

〔関係条文〕二一条

一　集会・集団行進・集団示威運動に関しては、公安委員会への届出又はその許可を要するものとして、条件等を付す権限を公安委員会に与えた条例（いわゆる公安条例）が多くの地方公共団体において制定されている。これらの公安条例に対しては、集会の自由・表現の自由を侵害するものであって憲法に違反するとした下級審の裁判例も存在するが、最高裁は、これまで合憲性が争われたすべての条例について、合憲であると判断している。

二　公安条例の合憲性については、最高裁はかつて、届出制は別として、条例において一般的な許可制を定めて事前に抑制することは憲法の趣旨に反し許されないが、特定の場所又は方法につき合理的かつ明確な基準の下に許可・届出制を設け、公共の安全に対し明らかな差し迫った危険を及ぼすことが予測される場合に許可をせず、禁止するとしても、直ちに憲法に反することにはならないとの見解を示した(1)。しかし、その後はそのような説明を改め、集団行動は単なる言論、出版等によるものと異なり、多数人の力によって支持されているものであって、その潜在的な力が勢いによって暴徒化し、実力によって法と秩序をじゅうりんする事態を生じさせる危険があるので、このような危険（不測の事態）に備え、法と秩序を維持するために必要かつ最小限度の措置を事前に講ずることはやむを得ない（届出か許可かが問題なのではなく、全体として表現の自由が不当に制限されているか否かが問題である。）との見解をとることを明らかにしている。[2] なお、最高裁は、公安条例はその運用の仕方によっては憲法二一条の保障する表現の自由を侵す危険があるとし、「公安委員会が権限を濫用し、公共の安寧の保持を口実にして、平穏で秩序ある集団行動まで抑圧することのないよう極力戒心すべき」であると指摘している。[3]

三　公安条例の規定が漠然としていることが憲法の定める適正手続（三一条）に違反するのではないかという問題に関しては、最高裁は、交通の秩序の維持に反する行為を処罰する旨を規定している条例について、立法として妥当性を欠いてはいるが、ある行為がこれに当たるか否かを判断することが一般通常人において可能である（その基準を読みとることができる）から、憲法に違反しないと判断している。[4] 無許可デモや許可条件違反等について、処罰することが一般的に許されることはいうまでもない（暴力行動に発展する具体的危険性がない限り可罰的違法性を欠くという主張は誤りである。）。

（1）　最高裁大法廷判決昭和二九年一一月二四日・新潟県公安条例事件。
（2）　最高裁大法廷判決昭和三五年七月二〇日・東京都公安条例事件など。同条例については、許可を推定する条項がなく実質的な届出制とはいえないなどとして争われたが、最高裁はその区別自体を特別の意味がないものとした。また、新潟県公安条例事件で用いられた「明らかな差迫った危険」や場所・方法の特定といった要件も、同判決以降、最高裁では用いられていない。
（3）　前注東京都公安条例事件判決。
（4）　最高裁大法廷判決昭和五〇年九月一〇日・徳島市公安条例事件。

第22問　表現の自由に対しては、どのような範囲で規制を行うことが認められるか。

〔関係条文〕二一条

一　個人が自由に自己の意見を表明し、事実を伝えることは、個人の人格を尊重し、個人の自由な意見の交換に基づいて政治的社会を成立させるという民主主義の基礎をなす。したがって、国家は原則としてこれに干渉してはならない。しかし、表現の自由は、その内容又は表現方法によっては、他人又は社会の利益と衝突する場合がある。例えば、その内容が、脅迫、名誉毀損、プライバシーの侵害にわたるものであるときや、社会公共に害を与える行為のせん動、誇大広告となるときなどは、これを全く自由なものとして放任しておくことはできない。また、表現の内容には問題がなくとも、その方法が、他人の物を勝手に使用したり、あるいは道路交通の秩序を害し、街の美観を損なうなどの場合にも、他の個人の権利又は社会公共の利益を損なうものとなる。このため、表現の自由については、どのようなときに、どのような限度で規制を行うことができるかが問題となる。

二　表現行為がなされる前に表現行為を禁止することは認められない。事前の規制は、戦前において行われていた検閲が典型であるが、表現行為がなされた後でこれを規制することに比べ、過大な規制が行われる危険があり、また、手続的にも適正さを担保することが困難であるという性質を有している。憲法は、このような観点から、「検閲は、これをしてはならない」（二一条二項）と明文で規定し、行政機関が事前に表現の内容を審査し、発表の可否を判断することを完全に禁止している。[1] 例えば、名誉を毀損すると思われる文書の発行を行政機関が事前に審査し、抑制することは、この原則に反し許されない（これに対し、その文書が発行された後に、その行為を名誉毀損罪で処罰することや、警察が捜査し、その文書を押収することは、何らこの原則に反するものではない。）。

三　検閲以外の規制がどのような限度で認められるかについては、学説の上では、明白かつ現在の危険の法理（表現の自由の規制は、実質的害悪がもたらされる明白で差し迫った危険がある場合に限られるとするもの）、不明確性の法理（規制の規定が不明確なものであれば違憲・無効となるとするもの）、過度の広汎性の法理（より制限的でない他の手段がある場合に過度に広い規制を行うことは許されないとするもの）など様々な基準が主張されている。しかし、表現の自由の規制には様々な態様のものが現実にあり得るのであって、どのような事態にも適用できるような基準はない。結局は、個々の具体的な問題ごとに、その表現の自由に対して加える制約によって得られる利益とその表現の自由を守ることによって得られる利益とを比較し、制約の利益がより大きいと認められるか否かによって決するほかはない。判例も、個々の具体的な問題に応じて利益を比較し、「公共の福祉のために必要かつ合理的な制限」であるか否かを判断している。もとより、利益の比較といっても、表現の自由が極めて重要なものであることを前提としなければならず、その制限は、経済的自由の制限等の場合に比べ、より限定された範囲でのみ認められるものと解されている。

（1）　裁判所が名誉等の保護のために行う事前差止めは、これには含まれない。第26問参照。

第23問　わいせつ文書の取締りは、表現の自由に反しないか。

〔関係条文〕二一条一項

一　刑法は、わいせつ文書、図画その他の物の頒布・販売・販売目的の所持・公然陳列を処罰の対象としている（刑法一七五条）。この「わいせつ」とは、一般に、「いたずらに性欲を興奮又は刺激せしめ、且つ普通人の正常な性的羞恥《しゅうち》心を害し、善良な性的道徳観念に反するもの」であって、個々の文書がこれに当たるか否かの判断は、社会通念に従って裁判官が行うものとされている(1)(2)。社会通念が変われば、「わいせつ」とされる範囲も変わることとなる。学説の上では、わいせつ文書（特にハードコアポルノ）にはもともと表現の自由は及ばない（名誉を毀損する文書も同様）とするものもあるが、最近では、たとえわいせつ文書であっても表現行為として憲法の保障する表現の自由の対象となり、合理的限度を超える規制は許されないとする説や、芸術性・思想的要素やある程度の社会的価値があるものについては表現の自由の保護が及び、保護すべき利益と規制する利益との比較を要するとする説も主張されている。

二　わいせつ文書については、それが羞恥心を害し、人間の性道徳を麻痺させ、性的秩序を害するものであるところから、性的秩序維持と性道徳の維持のために販売等を規制することは、公共の福祉の範囲に含まれるのであって、憲法の定める出版その他の表現の自由に反しない。このことは、判例において明確に認められている。「わいせつ」性の判断に芸術性等の点で価値があることが影響を与えるかという問題については、判例は、刑法で処罰する程度の「わいせつ」性がある限り、芸術的・思想的価値のある文書であっても、わいせつ文書としての取扱いを免れることはできないと解することを明らかにし、芸術的・思想的価値のある文書は処罰対象とすることができないとか、文書のもつわいせつ性によって侵害される法益と芸術的・思想的文書としてもつ公益性とを比較すべきであるといった主張を明確に退けている。(3) なお、この他に、「わいせつ」ということの内容が不明確であるとする主張についても、判例はこれを否定している。

三　わいせつ文書に関しては、刑法での規制の他に、関税法に基づいて、税関が「公安又は風俗を害すべき」文書として検査・輸入禁止措置をとっている。判例は、この検査は検閲自体ではなく、国外のわいせつ表現物の国内への流入を水際で阻止するものであって、国内での発表の自由と知る自由を制限するが、やむを得ない制限として是認されるものであり、憲法に違反しないと判断している。(4)

(1)　最高裁大法廷判決昭和三二年三月一三日・チャタレイ事件。なお、この判断は、文書の一部を取り上げて行うのではなく、文書全体を対象として行うべきものと解されている。

(2)　チャイルドポルノについての規制は、被写体となった子どもの人権を侵害することが理由となっており、「わいせつ」のような社会通念に基づく判断とは異なる。

(3)　最高裁大法廷判決昭和四四年一〇月一五日・「悪徳の栄え」事件。なお、同判決は、芸術性・思想性があることによって、性的描写による性的刺激が減少し、わいせつ性が低下する場合があり得ることは認めている。

(4)　最高裁大法廷判決昭和五九年一二月一二日。

第24問　青少年保護育成条例をめぐって、憲法上どのような問題が論じられているか。

〔関係条文〕二一条、三一条

一　ほとんどの都道府県において、青少年の健全な育成のために、青少年に有害な影響を与えるおそれのある物又は行為を規制する条例（青少年保護育成条例）が制定されている。その規定の内容は、個々の条例によって異なるが、有害図書類の規制、有害興行への入場制限、有害広告物の規制、淫行・わいせつ行為の禁止といったものが含まれているのが通常である。このうち、有害図書類の規制については、憲法の表現の自由の保障との関係が問題となる。また、刑罰を科する場合には、構成要件として明確なものであるかどうか（憲法上の適正手続の保障を満足しているか）が問題となる。このほか、すべての条例に共通の限界として、法律の範囲内であることが求められることになる(1)。

二　有害図書類の規制は、著しく青少年の性的感情を刺激し、あるいは著しく青少年の粗暴性を助長する図書類であって、青少年の健全な育成を阻害するおそれのあるものについて、知事が有害図書類と指定することによって行われる。この指定がなされた図書類については、販売等を業とする者が青少年に販売することは禁止され、その違反は刑事罰の対象となるものとされている。

このような規制は、特定の読者に対する販売規制であって、一切の出版を事前に禁止するものではないから、憲法の禁ずる検閲に当たらない。また、この規制は、表現の自由を制限するものであるが、青少年の健全な育成を現にその種の図書類が阻害するおそれがある以上、必要最小限度の合理的規制である限り、憲法に違反するものではない。また、自動販売機による販売については、青少年が購入できないように管理されている場合を除き、その指定された図書類を販売機に収納すること自体が多くの条例で禁止されているが、この規制も、必要かつ合理的なものと考えられる。

三　青少年に対して淫行をすることを禁止し、その違反者に刑事罰を科することについては、婚約中の者やそれに準ずる関係にある者の性行為なども処罰の対象とするのであれば、処罰規定として広すぎるのではないか、あるいは、反倫理的な性行為のみを禁止（処罰）するものであるとすれば、構成要件として不明確ではないか、といった問題が指摘されてきた。これについて、判例は、条例上の「淫行」とは、青少年に対する性行為一般を意味するのではなく、青少年を誘惑するなどその心身の未成熟に乗じた不当な手段によって行う性交若しくはその類似行為又は青少年を単に自己の性的欲望を満たすための対象としか扱っていないような性交若しくはその類似行為だけを意味していると解されるのであって、処罰の範囲が広過ぎるとも、不明確であるともいえず、憲法三一条に違反することにはならないとの見解を明らかにしている。(2)

（1）営業者に対する規制として、有害施設（アダルトショップ等）に青少年を立ち入らせることを禁止する規定が過去に青少年保護育成条例中に設けられていたが、風営法の改正によって法律の規制の対象とされたため、それらの規定は失効している。

（2）最高裁大法廷判決昭和六〇年一〇月二三日・福岡県青少年保護育成条例事件。

第25問　公的人物の名誉を毀損する言論・出版を取り締まることができるか。

〔関係条文〕二一条、刑法二三〇条の二

一　個人の名誉は、いわゆる人格権の一部であって、法的に保護される重要な権利である。言論・出版といった表現の自由が保障されているといっても、虚偽の事実を公にするなど、不当に他人の名誉権を侵害することは許されない。しかし、その一方で、公共の利害に関係する人物に関する言論・出版について、個人の名誉を侵害する部分があってはならないとすることは、その人物の権利を守ることにはなるが、実質的に公的立場の者に対する批判、ひいては時の政権に対する批判を禁止することになりかねない。さまざまな見解・情報が自由に表明され、それを基に国民の間で自由に意見が交換されることが、民主主義が成り立っていく基礎であるから、公共的目的のために真実を指摘することは、たとえそれが結果的に指摘を受けた者の名誉を害することになったとしても、正当な言論として処罰等を受けないものとすることが求められる。

二　このような考え方から、公共の利害に関する事実に関し公益を図るためになされた表現行為については、その内容が真実である証明があれば処罰しないこととされている（刑法二三〇条の二）。「公共の利害に関する」事実が何かは、その事実の客観的性格によって定まるが、公訴提起前の犯罪に関する事実については、すべてこれに該当する事実とみなされる。また、私人の私生活上の行状であっても、その者のたずさわる社会的活動の性質、社会一般に与える影響等によっては、「公共の利害に関する」ものとなり得る。(1) さらに、公務員又は公職の候補者については、公務員が全体の奉仕者であって、その選定、罷免が国民固有の権利とされていること（憲法一五条）から、自由な批判の対象とされることが求められる。このため、これらの者に関する事実を指摘して名誉を毀損する行為は、公共的利害に関係のない事実であっても、また、その目的が公益を図るためでなくとも、その事実が真実であるという証明さえなされればすべて処罰されないこととされている。なお、民事上の不法行為責任については、法律に直接の規定はないが、この刑法二三〇条の二の規定の趣旨が当てはまるものと解されている。

三　指摘した事実が真実であるという証明がなされなかった場合には、かつては名誉毀損罪が成立すると解されていた。しかし、真実であると証明できなければ処罰されるというのでは、人々が萎縮（いしゅく）し、十分な言論等が行われないおそれがある。公的人物等に関する言論については、合理的根拠のない無責任な言論を別として、あくまで言論の自由を保障することの重要性が守られなければならない。このため、真実であるとの証明がなされなくとも、行為者がその事実を真実であると誤信したことについて、確実な資料、根拠に照らして相当な理由があるときは、犯罪の故意を欠くものとして、処罰されないと解されるに至っている。(2)

(1)　最高裁判決昭和五六年四月一六日・「月刊ペン」事件。
(2)　最高裁大法廷判決昭和四四年六月二五日・「夕刊和歌山時事」事件。

第26問　名誉を毀損する出版物等の発行を事前に差し止めることが許されるか。

〔関係条文〕二一条

一　憲法は、検閲の禁止を明文で定めている（二一条二項）。表現の自由の保障とは別に検閲禁止を定めているのは、公共の福祉を理由とする例外を認めない趣旨であって、「検閲」に該当する活動は絶対的に禁止される。この「検閲」とは、行政権が主体となって、思想等を表現する出版物等を対象とし、その一部又は全部の発表の禁止を行うことを目的として、網羅的・一般的に発表前にその内容を審査し、不適当と認められるものの発表を禁止することを意味する。(1) したがって、戦前において行われていたような行政機関による検閲は当然に禁止されるが、裁判所が仮処分として出版を差し止めることは、司法権の行使であること及び当事者の個別的請求に基づいて審理判断されるものであって一般的に行われるものではないことから、この「検閲」には該当しない。

二　一般に、人間にとって、自らの名誉を守ることは極めて重大なことであって、これに対する違法な侵害に対しては、損害賠償又は名誉回復のための処分を求めることができるだけでなく、人格権としての「名誉権」に基づいて、現に行われている侵害行為の排除と、将来生ずべき侵害を予防するための差止めを求めることも認められるべきである。しかし、出版の事前の差止めは、表現行為を事前に抑制するものであって、その表現行為の意義や公の批判の機会を失わせるものであること、事後の制裁と異なり、予測に基づく規制であって、乱用のおそれがあり、過大な抑止につながる危険性があることから、表現の自由を保障し、検閲の禁止の明文を置く憲法の趣旨に照らし、限られた場合においてのみ許されるものと解される。

三　その出版物の内容が、公務員又は公職の候補者に対する評価を含む場合など、公共の利害に関するものについては、出版をしようとする者だけの利害だけでなく、公務員の選定、罷免の権利を持つ国民にとっても重大な利害があるのであって、この表現の自由は憲法上特に保護すべきである（前問参照）から、事前差止めは原則として許されない。真実でなく、又は公益目的でないことが明白であって、かつ、被害者が重大で著しく回復困難な損害を受けるおそれのあるときは、その表現行為の価値が被害者の名誉に劣ることが明らかで、被害者の救済方法としての差止めの必要性も肯定されるから、例外的に事前の差止めも許される。判例は、このような見解に立って、知事選に立候補する者の人格をひぼうする記事を含んだ雑誌の発行に関し、その事前差止めを認めた仮処分を適法であるとしている。[2] なお、このほか、私人のプライバシー侵害の場合については、事前差止めの可能性を一般的には認めた上で、その事件では差止めを認めなければならないほどの差し迫った回復不可能で重大な損害が被害者に生ずるとはいえないとして、問題となった映画の上映の差止請求を否定した下級審の裁判例がある。[3]

（1）　最高裁大法廷判決昭和五九年一二月一二日（税関検査の合憲性が争われた事件。第23問参照）。
（2）　最高裁大法廷判決昭和六一年六月一一日・「北方ジャーナル」事件。
（3）　東京高裁決定昭和四五年四月一三日・「エロス＋虐殺」事件。

第27問　ビラはり・ビラ配りに対する規制は、表現の自由を侵すことにならないか。

〔関係条文〕二一条一項

一　ビラはり・ビラ配りは、誰にでも利用できる簡易な表現手段として、政治的主義・主張の表明や各種の営業の広告などに広く用いられている。憲法が一切の表現の自由を保障している以上、ビラはり・ビラ配りにも憲法上の保障が及ぶことは当然であって、その制限は、ビラはり等の方法や内容が他人の権利を侵害し、あるいは社会全体の利益を侵害するといった場合に、公共の福祉に必要かつ合理的な限度でのみ行うことが認められる。

二　ビラはり行為を規制する屋外広告物条例については、判例は、国民の文化的生活の向上を目指す憲法の下で、都市における美観風致を維持することは公共の福祉を保持するものであるから、営利目的・政治目的を問わず、電柱・橋柱等へのビラはりを禁止することは合憲であると判断している。(1)また、軽犯罪法一条三三号が「みだりに他人の家屋その他の工作物にはり札をし」た者を処罰する旨を規定していることについては、思想等を外部に発表するための手段であっても他人の財産権・管理権を不当に害することは許されないから、この規定による規制は、公共の福祉のための表現の自由に対する必要かつ合理的な制限であって、憲法二一条に違反するものではないと判断している。(2)なお、表現の自由を重視し、ビラはりの目的などの具体的状況に即して所有者等の権利侵害の程度と表現の自由の保障上の必要性の程度を比較して、権利侵害の程度がより低い場合には「みだりに」に当たらず処罰されないとする見解が学説（及び一部の下級審の裁判例）で述べられているが、高裁段階ではこのような主張はすべて認められておらず、所有者の同意又は社会通念上正当とされるような事情がない以上犯罪が成立するものと解されている。

三　ビラを配るためであっても、他人の管理する施設に、その者の意思に反して立ち入ることが正当化されることにはならない。公務員宿舎に管理権者の意思に反して立ち入る行為は、私生活の平穏を侵害するものであり、住居侵入罪に問うことは憲法に違反しない。[3]公共空間であっても、その規制に従わなければならないのであって、鉄道の敷地内で許諾を得ることなくビラ配りを行い、退去要請に応じない行為は不退去罪を構成する。[4]なお、道路上のビラ配りについては、一般の交通に著しい影響を及ぼすような方法によらない限り、道路使用許可を要しない（許可を受けることなくビラ配りができる。）ものとされている。[5]

（1）　最高裁大法廷判決昭和四三年一二月一八日。この判決は電柱等へのビラはりについてのものであるが、立看板を街路樹にくくりつけた事件についても、同様の理由で合憲とされている（最高裁判決昭和六二年三月三日）。
（2）　最高裁大法廷判決昭和四五年六月一七日。
（3）　最高裁判決平成二〇年四月一一日・防衛庁宿舎ビラ投かん事件。
（4）　最高裁判決昭和五九年一二月一八日。
（5）　東京高裁判決昭和四一年二月二八日。

第28問　国民の「知る権利・知る自由」は、憲法上認められたものか。

〔関係条文〕二一条一項

一　憲法二一条一項は、表現の自由を保障しているから、国民は自らの思想、見解等を自由に表明し、あるいは発見した事実を自由に伝えることができる。これは、直接には表現行為を行おうとする者の権利であるが、実質的にはその者の表現行為を通じて国民が様々な情報を取得することを保障するという面を持っている。公的人物に関する言論等について名誉毀損の成立が限定的なものとされていること（第25問参照）も、単に情報の送り手側の利益を保護しようとするだけでなく、情報の受け手側である国民の利益を保護しようとすることの現れである。民主主義社会においては、国民が国政に関与するために、その判断の前提となる資料を取得することが極めて重要であり、このことが表現の自由の保障の重要性の実質的な理由ともなっているのである。

二　情報の受け手側の利益は、「国民の知る権利・知る自由」と呼ばれる。判例も、報道機関の報道が「国民の知る権利」に奉仕することを理由に、報道の自由の重要性を認めている。(1)「知る権利」とは、国民が意思決定をする上で意味のある情報を報道等を通じて得ることに対して、国が妨害してはならないこと（知る自由）を意味する。なお、国及び地方公共団体が情報を開示する制度は、国民が行政をコントロールするという意味で、「知る権利」を支える理念と共通するものがあるが、「知る

権利」の内容そのものではない。(2)

三　外国で発表されたものを国内に輸入することや、国内で発表されたものを入手することについては、表現の自由そのものの対象ではないが、表現の自由の保障がそれによって国民が各種の情報を受け取ることができるようにすることを目的としたものである以上、これらの行為にも憲法上の保障が及ぶものと考えられる。判例は、まず、輸入書籍、図画等の税関検査に関して、「国外のわいせつ表現物の流入を一般的に、水際で阻止することは、その結果、それについての国内での発表の自由と知る自由が制限されることになっても、やむを得ないものとして是認せざるを得ない」として、国民の「知る自由」があることを認め、それが合理的な制限を受けることがあり得ることを明らかにした。(3)また、未決拘禁者の新聞紙の閲読制限の可否が争われた事件では、判例は、「新聞紙、図書等の閲読の自由が憲法上保障されるべきことは、思想及び良心の自由の不可侵を定めた憲法一九条の規定や、表現の自由を保障した憲法二一条の趣旨、目的から、その派生原理として当然に導かれる」とし、(4)「知る自由」が表現の自由等に起因することを認めている。

(1)　最高裁大法廷決定昭和四四年一一月二六日・博多駅フィルム提出事件。
(2)　情報公開法や情報公開条例が制定されていない段階では、「知る権利」を理由として情報公開請求が認められることにはならない。
(3)　最高裁大法廷判決昭和五九年一二月一二日（第23問参照）。
(4)　最高裁大法廷判決昭和五八年六月二二日（第17問参照）。

第29問　報道の自由とは何か。報道機関は、憲法上特別の権利を与えられているか。

〔関係条文〕二一条一項

一　憲法が保障する表現の自由は、思想の表明とともに事実を伝えることにも及ぶから、すべての報道機関は、表現の自由としての「報道の自由」を有する。したがって、行政機関がその内容を検閲することは許されず、その内容が他人の名誉等の権利を侵害するなどの限られた場合を除き、規制することはできない。報道機関の報道は、民主主義社会において、国民が国政に関与するのに重要な判断の資料を提供する意義を持ち、国民の「知る権利」（前問参照）に奉仕するものとしての高い重要性を有している。このため、報道機関について、単に表現行為の規制を受けないというだけでなく、取材活動等において他と異なる特別の権利が認められるかどうかが問題となる。

二　報道のための取材活動が全面的に規制されれば、報道を行うことは実質的に不可能となるから、一般的にいえば、報道するための前提として取材活動をする自由が認められることが必要である。しかし、知り得た事実を報道することと、積極的に事実を調査することとはあくまで別の活動であり、事実の調査活動の場合には、単なる報道の場合と異なって、その過程で多くの個人の権利や社会全体の利益と衝突することが生ずる。したがって、報道の自由と同様の保障を取材活動に与えることはできない。判例は、これについて、報道のための「取材の自由」も憲法の表現の自由の保障の趣旨に照らし、十分尊重されるべきものであるとしつつ、公正な刑事裁判の実現のために、この自由もある程度の制約を受けるとの見解を示している。[1] このことは、一面では取材の自由を認めたものではあるが、他方では、「取材の自由」は報道の自由とは異なり、直接憲法二一条一項で保障された範囲内のものではなく、より大きな制約が認められ得ることを示したものと考えられる。

三　取材の自由が認められるといっても、その過程で暴行等を行うことが許されないことは当然である。取材の対象となった者に何らかの義務を負わせることも許されない。また、秘密を漏らすように公務員に求めることは、手段・方法が法秩序全体の精神から相当として是認されるようなものである場合には実質的に違法性を欠くが、正当な取材活動の範囲を逸脱したもののような場合には犯罪となる。[2] 公務員が報道機関の取材に応じて秘密を漏らした場合には、かりに取材側が正当な活動として処罰されないときでも、その公務員は、当然に公務員法上の守秘義務違反として処罰される。報道機関の者が裁判で証言を求められた場合に取材源を秘匿できるとする法律の規定はなく、刑事裁判で証言拒否を認めなかった判例もあるが、民事裁判では、原則として証言拒否が認められている。[3]

（1）最高裁大法廷決定昭和四四年一一月二六日・博多駅フィルム提出事件。

（2）最高裁決定昭和五三年五月三一日・外務省秘密電文漏洩事件。この事件では、手段・方法が社会通念上是認できるものではないとして、有罪とされている。

（3）刑事裁判に関して最高裁大法廷判決昭和二七年八月六日、民事裁判に関して最高裁決定平成一八年一〇月三日。

第30問　報道機関の有するビデオテープを捜査機関が押収することは、憲法に違反しないか。

〔関係条文〕二一条

一　報道機関の報道は、国民が国政に関与するのに必要な判断資料を国民に対して提供するという重要な意義を持つものである。正確な報道のために、取材活動を行うことが必要であることはいうまでもない。このため、報道機関については、報道の自由だけでなく、その報道を行うための取材活動の自由も、十分尊重に値するものであると考えられてきている。報道機関の取材に応じて情報・資料を提供する者の中には、自らが情報を提供したこと等を秘匿することを条件とする者が多数存在している。このため、報道機関が有する情報・資料が、無限定に他の者に渡されることになれば、情報・資料の提供者側からの報道機関に対する信頼感が損なわれ、取材活動が困難となる（取材に対する協力が得られにくくなる）という影響が生ずる。報道機関が報道目的で収集した情報・資料を国等が強制的に取得することは、それを基にした報道ができなくなる場合には報道の自由自体を制限することになるが、そうでない場合でも、この取材の自由を実質的に制限するものとなる。

二　取材の自由が尊重されるといっても、それは絶対無制限なものではなく、公正な刑事裁判の実現といった他の重要な国家法益等を実現するためにある程度の制約を受けることは、やむを得ないものと考えられている。判例も、付審判事件を審理中の裁判所が取材フィルムの提出を命じたことが争われた事件において、報道機関の取材活動によって得られたものが証拠として必要と認められるような場合には、犯罪の性質・態様・軽重、取材したものの証拠としての価値といった公正な刑事裁判の実現のための必要性の程度と、取材したものを提出させられることによって報道機関の取材の自由が妨げられる程度及びこれが報道の自由に及ぼす影響等の事情とを比較衡量することによって提出命令の可否が決められるという基本的立場に立って、そのフィルムが被疑者らの罪責の有無の判定に必須のものであること、報道機関の受ける不利益も将来の取材の自由が妨げられるおそれにとどまること等を理由として、提出を命じた地裁の決定を、やむを得ないものとして、是認している。(1)

三　公正な刑事裁判を実現するためには、適正迅速な捜査が不可欠な前提となるのであるから、この判例の考え方は、捜査機関が報道機関の保有するビデオテープを押収する場合にも同様で当てはまる。判例も、このような見地に立って、贈賄申込み事件の現場を収録したビデオテープについて、証拠としての重要性、報道機関側の不利益の程度（将来の取材の自由が妨げられるおそれがあるのにとどまり、報道自体ができなくなるというものでないこと）及び本件における事情を総合考慮して、押収処分を認めている。(2)なお、報道機関が放送した内容を捜査機関等が録画することは、これと異なり、取材の自由等を制約するものではない。

（1）　最高裁大法廷決定昭和四四年一一月二六日・博多駅フィルム提出事件。
（2）　最高裁決定平成元年一月三〇日。なお、この事例では、贈賄申込みを告発した者がこのテープの存在を挙げていること及び押収前に捜査機関が報道機関と折衝していることが、考慮の要素に加えられている。

第31問　表現の自由の規制として、他にどのようなものがあるか。

〔関係条文〕二一条一項

一　表現の自由に関しては、これまで取り上げた問題の他に、犯罪などを煽動《せんどう》する行為の処罰、営利広告の制限、選挙運動等の制限などが問題とされてきている。人に犯罪行為を行うように勧める言動については、それによって人が犯行を決意して実行した場合に教唆犯として処罰されることは問題がない。これに対し、犯罪行為又は犯罪とされていない違反行為を行うように煽動したこと自体を特別の犯罪として処罰する旨の規定が置かれている場合には、それが実害の発生がないのに表現行為を規制しようとするものであること、各種の政治的言動において主張されるものが対象とされていることなどから、学説の中には、これを違憲とし、あるいは一定の範囲内に限定されるとする見解がある。しかし、犯罪又は違法行為を行うように煽動することを処罰する旨の立法を行うことは、その犯罪等を防止する上で必要である限り、公共の福祉による当然の制約として認められるのであって、具体的危険がある場合に限られると解すべきではない。判例も地方公務員法上のストライキをあおり、そそのかす罪や国税犯則取締法上の不納税の煽動罪などについて、いずれも、憲法の保障する言論の自由を逸脱する行為であって、これを処罰することは憲法に違反しないと判断している。(1)

二　各種の営業を規制する法律の規定には、その広告に関して特別の規定を置いているものがある。これらのうち、誇大広告や虚偽広告を制限するものについては当然の規制であって特別の問題はないが、あん摩業などのように技能等に関する広告をすべて禁止しているものの場合には、問題が生ずる。このような事業活動に付随する営利的な広告も、「表現の自由」として保護されるが、公共の福祉上必要かつ合理的な範囲での規制を受ける。判例は、あんま師（現行のあん摩マッサージ指圧師）、はり師、きゅう師などの広告制限について、合憲であると判断している。(2) また、風俗案内所規制条例による表示物等の規制についても、表現の自由に反するものではないことが明確にされている。(3)

三　選挙運動は、主として各種の演説、文書の配布・掲示等の表現活動を通じて行われるものであるが、公職選挙法は、事前運動の全面禁止、戸別訪問の禁止、文書の配布・掲示の制限、選挙期間中の新聞紙・雑誌による選挙の報道・評論の制限といった厳しい規制を設けている。選挙運動については、それが公正に行われることがなによりも重要であって、憲法が特に議員の選挙に関する事項は法律で定める旨の規定を置いている（四七条）ことからすれば、現行法の制限は憲法に違反するものではないと解される。判例も、公職選挙法による制限が選挙の公正を確保するという公共の福祉による表現の自由の制限であって合憲であることをくりかえし明らかにしている。(4)

（1）最高裁大法廷判決昭和二四年五月一八日など。
（2）最高裁大法廷判決昭和三六年二月一五日。
（3）最高裁判決平成二八年一二月一五日・京都府風俗案内所規制条例事件。
（4）最高裁大法廷判決昭和三〇年三月三〇日（公選法一四六条の規制）、最高裁大法廷判決昭和四四年四月二三日（事前運動の規制）など多数。

第32問　信教の自由の意味は何か。

〔関係条文〕二〇条、八九条

一　憲法は、「信教の自由は、何人に対してもこれを保障する」ことを規定している（二〇条一項前段）。人がどのような宗教を信じるかは、思想、良心の自由と同じく、絶対的に保障される。宗教は、信仰を同じくする者が集まり、宗教的行動を行うことを本質としている。したがって、信教の自由は、礼拝や布教宣伝などの宗教的な行為をする自由と、宗教的結社の自由を含んでいる。宗教的な行為の自由と結社の自由とは、絶対的な自由ではなく、人の権利を侵害する場合などに規制を受けることもあり得るが、できる限り尊重されなければならない(1)。

二　宗教的行為や宗教的結社について、国家が宗教上の観点から規制を行うことは、この信教の自由に反し許されない。しかし、宗教団体等が行う宗教的活動ではあっても、宗教上の観点とは無関係な一般的な法律の規制を受けることはあり得る。例えば、加持祈禱《かじきとう》と称して人に傷を負わせ、死亡させた場合には、それが宗教的行為として行われたといっても、刑法の適用を受けることは当然である(2)。宗教法人が営利事業を行っている場合に課税することも何ら憲法の信教の自由に反するものではない。また、「法令に違反して、著しく公共の福祉を害すると明らかに認められる行為を行った」場合には、宗教法人法に基づいて解散を命ずることも認められる(3)。

三　信教の自由は、個々の国民が、種々の宗教を信ずることを自由に行うことができることを意味するだけでなく、特定の宗教を押しつけられないという自由をも含んでいる。内心において信仰をもたない自由、宗教的行為を行わない自由、宗教的結社に参加しない自由がこれである。憲法は、「何人も、宗教上の行為、祝典、儀式又は行事に参加することを強制されない」（二〇条二項）と規定し、宗教的行為の強制が許されないものであることを特に明らかにしている。

また、憲法は、国家が特定の宗教と結び付くことを禁止するいわゆる政教分離の原則を採用し、「いかなる宗教団体も、国から特権を受け、又は政治上の権力を行使してはならない」（二〇条一項後段）こと及び「国及びその機関は、宗教教育(4)その他いかなる宗教的活動もしてはならない」（同条三項）ことを定めている。さらに、憲法は、公金その他の公の財産を宗教上の組織・団体の使用、便益又は維持のために支出し、又はその利用に供してはならないことを規定している（八九条）。これは、政教分離を財政面から裏付けるものである。ただ、文化財保護などの宗教上の理由以外の一般的な理由による場合には、その結果として宗教団体に利益が及んだとしても、この規定に反するものとはならない。

（1）　刑事収容施設法は、一人で行う礼拝その他の宗教上の行為について、留置施設の規律及び秩序の維持その他管理運営上支障を生ずるおそれがある場合を除き、禁止、制限してはならないことを規定している。

（2）　最高裁大法廷判決昭和二八年五月一五日。

（3）　最高裁決定平成八年一月三〇日・オウム真理教解散命令事件は、宗教団体として活動すること自体を禁止するものではなく、不利益はやむを得ないものであるので、憲法に反しないとした。

（4）　宗教の社会的意義を解明し、宗教的寛容をやしなうことを目的とする教育は、これに当たらない。

第33問　公の機関は、宗教的色彩のある活動を絶対に行うことができないか。

〔関係条文〕二〇条、八九条

一　国家と宗教との関係は国によって様々であり、信教の自由を認める国の中でも、特定の宗教を国教とするもの、国教を認めるのではないが国家と一部の宗教団体との協力関係の存置を前提とするもの、国家が特定の宗教と結び付くことをすべて否定するものなどに分かれている。日本国憲法は、国家が特定の宗教と結び付くことを禁止するいわゆる政教分離の原則を全面的に採用し、すべての宗教団体に対する特権・政治上の権力の付与を禁止し（二〇条一項後段）、国家機関の宗教的活動を全面的に禁止している（同条三項）。また、公金その他の公の財産を宗教団体に支出することも、同様の趣旨から禁止している（八九条）。したがって、国又は公共団体が神社を設けたり、宗教的活動としての慰霊祭等を行ったり、特定の宗教団体の経費を負担したりすることは許されない(1)。

二　もっとも、宗教は社会の広い範囲に影響を与えているので、全く完全に分離するのは、不合理な結果をもたらすし、実際に不可能でもある。このため、憲法の政教分離の規定は、国や自治体による宗教との一切の関わりを禁止するものではなく、我が国の社会的、文化的条件に照らし、信教の自由の確保という根本目的との関係で相当とされる限度を超えてはならないという趣旨であり、一般人の目から見て特定の宗教に対する特別の援助等と評価されるときはこれに反するものとされている(2)。

具体的には、県が靖国神社・護国神社の例大祭・慰霊大祭に玉串料等を奉納する行為(3)、公有地を無償で宗教施設の敷地に提供する行為が違憲とされている(4)。一方、市が体育館の建設に際して神式の地鎮祭を挙行する行為、知事が天皇即位に伴う大嘗祭に参列し、拝礼する行為等は、いずれもその時点では政教分離に反しないと判断されている。

三　なお、政教分離に反しないとして国が関わることができる行為であっても、宗教上の行為に当たることもあり得る。自らの宗教上の信条に反するとして参加を拒む者に、国や自治体が参加を強制することは許されない。

（1）　宗教と無関係な記念碑、慰霊碑を建立したり、宗教的色彩のない慰霊祭を行うことは、国、公共団体でも当然に行うことができる。

（2）　最高裁大法廷判決令和三年二月二四日・孔子廟事件。

（3）　最高裁大法廷判決平成九年四月二日（愛媛県玉ぐし料事件）は、県が特定の宗教団体の祭事に玉ぐし料等を支出した行為について、他の宗教団体とは異なる特別のものとの印象を与えることを指摘し、違憲とした。

（4）　最高裁大法廷判決平成二二年一月二〇日は、市が町内会の設置する神社を含めた施設に無償で市有地を提供してきたことが、一般人から見て特定の宗教に特別の便宜を提供し、援助しているとされてもやむを得ないとして、違憲とした。また、前記孔子廟判決は、市が観光資源等の意義や歴史的価値があるとして敷地の使用料を免除していることについて、同様の理由から、憲法二〇条三項の禁止する宗教的活動に該当するとした。

第34問　学問の自由は、大学の特別な地位を認めたものか。

〔関係条文〕二三条

一　憲法は、「学問の自由は、これを保障する」（二三条）と規定している。この「学問の自由」とは、広く個人の学問的研究活動及びその結果の発表の自由を意味するが、大学のもつ教育研究機関としての本質から、この規定は特に大学におけるそれらの自由を保障する趣旨であると解されている。(1) また、大学においてそれらの専門の研究の結果を教授する自由もこれによって認められることになる。もとより、憲法上各種の自由権は公共の福祉によって制約を受けることが一般に認められているのであって、学問の自由も、内心の領域にとどまる場合を除き、公共の福祉による制限を免れるものではない。大学における研究の方法・手段においても、他人の生命、身体などの法益を侵害し、あるいは違法に危険物を扱うといったことが許されないことはいうまでもない。

二　憲法上大学の自治を認めた明文の規定はないが、大学における学問の自由を実質的に保障するために必要なものとして、伝統的に大学の自治が認められている。この結果、まず、大学の教授その他の研究者の人事が大学の自主的判断に基づいて行われることが認められる。また、大学の施設と学生の管理についても、ある程度の自治が認められ、ある程度の範囲で自主的な秩序維持の権能が認められることになる。しかし、大学の自治は、学問の自由を実質的に保障するために、その限度で認められたものであって、大学の施設内を国家権力の及ばない「治外法権」の場所とすることを意味するものではない。この中で、各種の法令が適用されることも、また、警察等の機関がその職務の執行を行うことができるのも当然である。学説及び下級審の裁判例の中には、大学の構内の内部秩序の維持は大学自らの管理責任でなされるべきであって、警察が権限を行使するのは大学当局の要請があった場合に限られるとする見解もあったが、不法な事態があるときに警察が大学構内で権限を行使し得ることは当然であって、運用上の問題としてはともかく、法律上は大学当局の要請があることは要しない。

三　大学の内部における学生等の集会に関しては、判例上、学問上の研究又は発表のためにするものである場合は大学の自治の問題の対象となり得るが、実社会の政治的活動に当たる行為をする場合には、大学の有する特別の学問の自由及び自治を享有することにはならないものと解されている。(2) したがって、これに当たる集会等については、その団体及び集会に大学当局が関与（団体の公認、集会の許可）していたとしても大学の自治を享有することにはならず、それに対する警察の権限行使は、学問の自由、大学の自治に抵触しない。

（1）　最高裁大法廷判決昭和三八年五月二二日・ポポロ事件。
（2）　前記ポポロ事件判決。

第35問　通信の秘密とは何か。

〔関係条文〕二一条

一　憲法は、「通信の秘密は、これを侵してはならない」と規定し（二一条二項後段）、通信の秘密を保障している。この「通信」には、手紙や葉書など書面によるものだけでなく、電話や電子メールも含まれる。また、この規定によって、通信の意味だけでなく、通信の差出人・受取人の氏名・住所・通信回数、発信場所、通信日時なども秘密の対象に含まれるものと解されている。この通信の秘密は、本質的には私生活の秘密（プライバシー）の一環であるが、通信が人間相互間のコミュニケーションの手段であることから、表現の自由と密接な関係を有している。

二　通信の秘密の保障により、公権力が通信の内容を知ろうとすること及び職務上知り得た通信に関する情報を漏らすことは禁止される。もとより、この通信の秘密も、絶対無制約のものではないから、法律の規定に基づいて一定限度の制約を加えることは認められる。捜査手段における郵便物の押収（刑事訴訟法一〇〇条・二二二条）、関税法による郵便物の差押えなどが法律で規定されている。また、刑事収容施設法は、被留置者の発受する信書について検査を行うこと等を定めている。これらは、通信の秘密を制限するものであるが、犯罪の捜査、留置施設の規律秩序の維持等のために必要なものであって、憲法に反するものではない。

三　電話による通話や電子メールを、通話当事者のいずれかの同意を得て録音等を行う行為は、通信の秘密を侵すものではない（届けられた手紙を警察に任意に提出することができるのと同じである。）。これに対し、通信当事者の同意がまったくないのに、通信内容を探知する行為（通信傍受）は、通信の秘密に対する侵害であるが、通信傍受法の要件を満たす場合には、裁判官の発する傍受令状を得て、通話を傍受し、記録することができる。[1]このような制約を課すことは、郵便物の差押えと同じく、憲法に違反するものではない。通信の相手方を知る行為も通信の秘密を侵害する行為であるので、通話履歴を通信事業会社から取得するのは、裁判官の発する捜索差押許可状に基づかなければならない（公務所等への照会によっては通信の秘密は解除されない。）。なお、電話を利用して現に脅迫等の犯罪が行われている場合には、現行犯状態であることから、令状がなくとも、通話元の番号と携帯電話の場合の位置を逆探知することができる。[2]

（1）　平成一一年に制定された「犯罪捜査のための通信傍受に関する法律」。同法の制定以前には、検証令状で傍受が可能かどうかが争われていた。
（2）　通信の当事者の一方の同意があってもそれだけでは発信元の秘密性はなくならない（通信内容の場合と異なる。）が、現行犯の法理に照らして、このような逆探知が認められる。内閣法制意見昭和三八年一二月九日。

第36問　人身の自由に関して、憲法上どのような規定が置かれているか。

〔関係条文〕一八条、三一条以下

一　人身の自由とは、人がその身体を不当に拘束されない自由を意味する。人の身体の自由は、人間としてのすべての自由の根源であり、それが特に尊重されなければならないことは当然である。憲法は、人身の自由について、奴隷的拘束及び苦役を禁止する一八条のほか、刑事手続における人権を定めた三一条以下において、この自由の保障につながる諸規定を設けている。

二　憲法は、本人の意思に反するか否かを問わず、奴隷的拘束を絶対的に禁止している。この「奴隷的拘束」とは、奴隷に類するような拘束、つまり、自由な人格者であることと両立できないような身体の拘束を意味する。また、憲法は、その意に反する苦役、すなわち強制的な労役を禁止している。この苦役の禁止については、奴隷的拘束の場合と異なり、一定の範囲で例外が認められる。刑罰としてなされる労役（懲役刑で労働の義務を課すこと）は、明文の規定で禁止から除外されているが、この他にも、非常事態が生じたときに一時的に一定の範囲の国民に労務負担を課することも(1)、緊急目的のため必要不可欠でかつ応急的性質を有する限り、認められるものとされている。これに対し、産業計画のために長期にわたって労務負担を国民に課することは、この規定に反するものであって許されない。また、徴兵制も、国民に兵役の義務を課すものであって、現行憲法上許されない。

これらの自由を確保するため、人身保護法が制定され、違法に拘束されている者がその救済を裁判所に請求することができ、司法裁判による身体の自由の回復が図られることとされている。また、私人間における侵害に対処するために、同法の他、労働基準法の強制労働の禁止の規定等が設けられている。

三　憲法三一条以下では、刑事罰を科する手続に関する規定が置かれている。刑事手続は、国家にとって極めて重要な作用であるが、同時に、その過程において人身の自由を含む国民の諸権利を制限するという性質を有しているため、その適正な運営が強く求められるものである。憲法の規定のうち、不法な逮捕からの自由（現行犯以外の場合には令状なしに逮捕されないこと）を定めた規定（三三条）及び不法な抑留・拘禁からの自由（抑留・拘禁における理由の告知、弁護人の依頼権、拘禁理由の開示）を定めた規定（三四条）は、人身の自由の確保を直接の目的としたものである。また、法定手続の保障（三一条）、住居・所持品などの不可侵（三五条）、拷問・残虐な刑罰の禁止（三六条）、刑事裁判における被告人の権利（三七条）、黙秘権と自白の証拠能力・証明力の制限（三八条）、刑罰の不遡及・一事不再理・二重処罰の禁止（三九条）などの刑事手続上の権利の保障も、刑罰という国家による人身の自由に対する制限と密接に係わるものといえる。

(1)　危険な事態があるときに警察官が関係者等に措置を採ることを命ずること（警察官職務執行法四条）、災害が発生したときに市町村長が住民を応急措置に従事させること（災害対策基本法六五条。警察官も一定の場合にはこの権限を行使することができる。）などがこれに当たる。

第37問　法定手続の保障は、どのような意味を有するか。

〔関係条文〕三一条

一　憲法三一条は、「何人も、法律の定める手続によらなければ、その生命若しくは自由を奪はれ、又はその他の刑罰を科せられない」と規定している。この法定手続の保障（「適正手続の保障」とも呼ばれる。）は、以下で述べるとおり、刑事罰を科すことに関し、その手続及び実体規定が法律で定められるべきこと並びにその法律の内容が適正であることを求めたものであると解されている。実体規定と法定手続の保障の関係については、次問で述べることとし、以下では、まず、手続規定における法定手続の保障について述べる。

二　この規定の文言から明らかなとおり、刑罰を科する手続は、法律で定めることを要する（刑事手続法定主義）。法律以外によって刑罰を科する手続を規定することは許されない。[1] また、この規定は、単に法律で手続を規定すべきことのみを意味しているのではなく、その刑罰を科する手続法規の内容の適正さをも保障している。このため、第三者の所有物の没収について、その第三者に告知、弁解、防御の機会を与えることなしに行うことは、適正な法律の手続によらないで財産権を侵害する制裁を科するものとして、この規定（及び二九条の財産権の保障の規定）に違反すると解されている。[2] また、起訴されていない余罪の存在を量刑に反映させることについても、判例上、余罪の存在を認定し、実質的にこれを処罰する趣旨で量刑の資料に考慮し、被告人をこのために重く罰することは、不告不理の原則（公訴の提起がない限り裁判所が審理しないとする原則）に反し、憲法三一条に違反するとされている。[3]

三　この法定手続の保障は、デュープロセスの原則とも呼ばれ、刑事訴訟手続全体の基本と考えられている。判例も、この規定が刑事訴訟手続の基本を定めたものであることを重視し、違法に収集した証拠について、憲法三五条によって令状主義が定められていることだけでなく、「憲法三一条が法の適正な手続を保障していること」などに基づいて、一定の場合には証拠能力が否定されるものとするなど、[4] 広い範囲でこの規定の趣旨をもとにした判断を示している。

（1）最高裁判所の裁判所規則制定権が憲法上認められており（七七条一項）、手続の細則的部分はそれによって定めることができると解されている。第95問参照。

（2）最高裁大法廷判決昭和三七年一一月二八日。この判決を受けて、第三者の手続的権利等を定めた「刑事事件における第三者所有物の没収手続に関する応急措置法」が制定されている。

（3）最高裁大法廷判決昭和四一年七月一三日。なお、これに対し、余罪を単に被告人の性格、経歴及び犯罪の動機、目的、方法等の情状を推知するための資料として考慮することは禁じられていないと解されている。

（4）最高裁判決昭和五三年九月七日。

第38問　法定手続の保障は、刑罰法規との関係ではどのような意義を持つか。

〔関係条文〕三一条

一　法定手続の保障は、前問で述べたとおり、刑事罰を科する手続において、その手続が法律で定められ、かつ、その手続規定の内容も適正なものでなければならないということを意味するだけでなく、刑事実体規定（特定の行為に刑事罰を科することを定める規定）についても、法律で定められ、かつ、その法律の内容が適正でなければならないことを意味している。

二　したがって、いかなる行為についていかなる刑罰が科せられるかは、あらかじめ法律(1)の規定で定められていなければならない。これは、従来から、刑事法において罪刑法定主義と呼ばれてきたことである。刑罰法規があいまいであるときは、国民に刑罰の対象となる行為を明確に告知することにならず、法令適用機関の判断にすべてが委ねられる危険もあるので、この法定手続の保障に反することになる。判例も、不明確な刑罰法規が、適用を受ける国民に対して刑罰の対象となる行為をあらかじめ告知する機能を果たさず、また、その運用がこれを適用する国又は地方公共団体の機関の主観的判断に委ねられて恣意《しい》に流れる等、重大な弊害を生ずることになることを理由として、憲法三一条に違反し、無効となることを明らかにしている(2)。もっとも、法規は、すべてある程度の抽象性を有するのであって、常に一見明白であることを求めることは困難である（どのような法律でも、その解釈をめぐる争いは存在する。)。どのような規定が、不明確であって無効とされるかは、結局は個々の規定に即し、「通常の判断能力を有する一般人の理解において、具体的場合に当該行為がその適用を受けるものかどうかの判断を可能とならしめるような基準が読みとれるかどうか」によって決せられる。(3)

三　法定手続の保障の規定が実体法の内容自体の適正さをも求めるものかどうかについては、これを消極に解する見解もあるが、判例は、この規定が内容の適正さをも保障したものであるとの立場に立って、「刑罰法規が罪刑の均衡その他種々の観点からして著しく不合理なものであって、とうてい許容し難いものであるときは、違憲の判断を受けなければならない」とし、罰則制定の要否及び法定刑の決定についての立法機関の判断がその裁量を著しく逸脱していると認められる場合には、憲法三一条違反となり得るとの見解を示している。(4)

(1)　自治立法としての条例も含まれる。なお、法律・条例から委任がある場合には、行政機関の命令で罰則を定めても、直ちに憲法三一条に違反することにはならない。
(2)　最高裁大法廷判決昭和五〇年九月一〇日・徳島市公安条例事件。
(3)　前記判例。「交通秩序を維持すべきこと」という規定について、義務内容が具体的に明らかにされておらず、立法措置として著しく妥当性を欠くとしつつ、通常人において基準を読みとることは可能であり、違憲ではないとしている。なお、これまで、不明確性を理由に最高裁で違憲とされた法規はない。
(4)　最高裁大法廷判決昭和四九年一一月六日・猿払事件判決。同判決では、公務員の政治的行為の禁止について、不合理なものではないとしている。

第39問　法定手続の保障は、刑事罰を科する手続以外にも適用されるか。

〔関係条文〕三一条、三五条

一　法定手続の保障は、法定の手続によらなければ「その生命若しくは自由を奪はれ、又はその他の刑罰を科せられない」と規定されていること及び同条が刑事裁判手続上の権利保障の規定の冒頭に置かれていることからみて、刑罰を科する手続をその本来の対象としていることは明らかである。しかし、刑罰を科する手続以外のものについて、この規定が全く適用されないとまではいえない。刑罰を科する手続以外のものすべてに刑罰を科する手続と同様の手続的保障を行うことができないのは当然であるが、一定の場合には、基本的人権の尊重における手続的権利保護の重要性から、相手方に告知し、弁解・防御の機会を与えるなどの手続を採るべきことが求められるものと解されている。

二　判例は、行政罰としての過料の裁判について、原則として当事者に告知・弁解・防御の機会を与えていること等を挙げて「法律の定める適正な手続による裁判ということができ、それが憲法三一条に違反するものでないことは明らかである。」とし、この規定の対象となることを認めている。(1)

一般の行政手続についても、刑事罰の場合ほどでなくとも対象者の人権に制約を加えるものであることから、三一条の保障が及び得る。一方、行政手続は多種多様であるから、刑事手続と同じような保障が常に求められるわけではない。告知と弁解及び防御の機会を与えなければならないかどうか、与えるとしてもその態様をどうするかは、制限される権利の程度や、公益の内容、緊急性といったことから、総合的に判断されることになる。(2) 今日では、手続的な権利保障の重要性を踏まえて、行政手続法が制定され、行政機関が不利益処分をしようとする場合には、警察官が現場で行う処分のように緊急性を要するものを除き、相手方に処分の理由を告知し、弁解と防御の機会を与えるための手続（不利益の程度の重い場合は「聴聞」、その他の場合は「弁明の機会の付与」）をとることが、原則として義務づけられている。

三　憲法三三条以下の各種の刑事手続上の権利保障（特に捜索・押収について令状主義を採り住居・書類・所持品の不可侵を定めた三五条の規定）についても、判例は、一般論として、本来主として刑事責任追及の手続における強制についての規定であるが、それを目的としていない手続におけるすべての強制をこの対象外としたものではないとし、刑事罰を科する手続以外の場合における適用の可能性を肯定している。(3)

(1)　最高裁大法廷決定昭和四一年一二月二七日。なお、保釈金没取については、判例は本条の対象となることを認めつつ、事後的手続保障で足りるとしている（最高裁大法廷決定昭和四三年六月一二日）。
(2)　最高裁大法廷判決平成四年七月一日・成田新法事件。成田空港に反対する過激派対策としての工作物の使用禁止処分に関して、緊急性や公益性を踏まえると、告知、弁解、防御の手続がとられていなくとも憲法に違反しないとしている。
(3)　最高裁大法廷判決昭和四七年一一月二二日・川崎民商事件。第49問参照。

第40問　逮捕における令状主義の意義は何か。

〔関係条文〕三三条

一　憲法は、「何人も、現行犯として逮捕される場合を除いては、権限を有する司法官憲が発し、且つ理由となつてゐる犯罪を明示する令状によらなければ、逮捕されない。」（三三条）と規定し、逮捕についての令状主義の原則を明らかにしている。被疑者を逮捕することは、犯人の処罰という重要な国家の任務を達成し、犯罪によって生じた社会の不安を解消する上で極めて重要な意義を有するが、その反面で人間の自由にとって最も基本的な身体の自由を直接的に制限するという性質を有している。逮捕が適正に行われることは基本的人権の保障において特に重要である。憲法が、司法官憲（裁判官）の発する令状によらなければ逮捕できないと定めたのは、不法な逮捕を防止し、人身の自由を十分に保障するためにほかならない。

二　令状主義の意味は、逮捕の可否について、個々の事件・被疑者ごとに、公正な第三者である裁判官の事前の判断を受けることにある。したがって、この令状は、逮捕すべき対象を明示し、かつ、逮捕の理由となっている犯罪を個別、具体的に明示するものでなければならない。犯罪を特定しない一般令状はもとより、容疑の対象となっている罪名を記載するだけの令状によることも許されない。また、令状主義は、あくまで裁判官の事前の審査・判断を受けることに意味があるのであって、事後に裁判官の審査を受けることで代替できるものではない。逮捕に関して憲法が令状主義を特に定めたのは、事後的な裁判官の審査・救済を受けるだけでは、身体の自由の保障の上で不十分であるという判断によるものだからである。

三　しかし、令状主義の原則は、絶対的に例外を許さないというものではない。現行犯の場合は、その場で逮捕する緊急性・必要性が高く、犯人が明白で逮捕権の乱用の危険性も少ないことから、この令状主義の対象とならないことが憲法上規定されている。刑事訴訟法上のいわゆる準現行犯も、犯罪との時間的接着性があること、逮捕の緊急性・必要性と犯人の明白性があることなどから憲法上の「現行犯」に含まれるものと解されている。また、憲法に直接の規定はないが、刑事訴訟法上の緊急逮捕についても、判例は、厳格な制約の下で行われ、逮捕後直ちに裁判官の逮捕状を請求することが条件とされていること等から、憲法三三条の趣旨に反するものではないと解している（次問参照）。

四　憲法の令状主義の保障は、刑事手続の過程における身体の拘束（勾留、勾引）にあてはまるほか、刑事手続に準ずるような非行少年に対する保護手続での身柄拘束（少年鑑別所や少年院への収容、引致状や同行状の執行など）に関しては、刑事手続と同様に及ぶ。他方、刑事裁判と全く無関係に行われる身体拘束は、元々が緊急的な保護などのための例外的なものであり、令状主義の原則がそのまま及ぶことにはならない。例えば、警察官職務執行法に基づく保護や、精神保健福祉法に基づく入院措置、出入国管理法に基づく退去強制手続での入国警備官による容疑者の収容は、裁判官の令状なしに行われるが、憲法の令状主義に反することにはならない。

第41問　緊急逮捕は憲法に反しないか。

〔関係条文〕三三条

一　刑事訴訟法は、死刑又は無期若しくは長期三年以上の懲役若しくは禁錮に当たる罪を犯したと疑うに足りる十分な理由のある場合で、急速を要し、裁判官の逮捕状を求めることができないときは、その理由を告げて被疑者を逮捕することができ、その後直ちに裁判官の逮捕状を求める手続をしなければならないとする緊急逮捕の制度を設けている（刑事訴訟法二一〇条）。憲法は令状主義の原則を定め、現行犯の場合を除き、被疑者の逮捕には裁判官の発する令状を要すると規定しているところから、この緊急逮捕が憲法に違反するものではないかが問題となる。

二　緊急逮捕の合憲性を主張するものには、緊急逮捕の後で直ちに逮捕状を請求することとされていることを理由として、憲法の令状に基づく逮捕に当たるとするものと、犯罪の明白性と逮捕の緊急性が要件となっていることを理由として、憲法三三条の「現行犯逮捕」に当たるとするものとがある。しかし、緊急逮捕の後で請求した令状が発付されなかった場合には、その身柄の拘束はいかなる意味においても令状に基づくものとはいえないし、およそ事後の令状も含むとすること自体、令状主義が裁判官の事前の審査を受けることを本質とすることに反する。他方、「現行犯」という概念は、あくまで犯行との時間的な接着性を前提としたものであって、犯罪の明白性と逮捕の緊急性・必要性だけで足りるものではない。時間的な接着性のない場合にまでこの「現行犯」の概念を広げることは、令状を要する範囲を著しく狭めるものであって妥当でない。このように、緊急逮捕が三三条にいう「現行犯逮捕」にも、令状に基づく逮捕にも当たらないと解されるところから、緊急逮捕を違憲とする説も学説上主張されている。

三　しかし、現行犯の場合以外でも、犯人を逮捕する必要性が特に高く、かつ、裁判官の令状を求めるいとまがないという事態は現実に存在するのであって、このような場合に一切の逮捕を許さないとするのは、社会治安を維持するという重大な公益からみて妥当でない(1)。憲法三三条には、現行犯逮捕以外の例外を許す旨の文言はないが、現行犯以外の逮捕に一切の例外なく事前の逮捕状を要求したものではなく、限られた範囲ではその例外も認める趣旨であると解するのが合理的である。緊急逮捕は、まさに、そのような社会公共の利益を達成するために、重大な犯罪に関し、理由が十分にあり、かつ、事前に令状を求めることなく逮捕しなければならないだけの緊急的必要性がある場合に限り、更に逮捕後直ちに令状を請求し、その発付がなければ逮捕した被疑者を直ちに釈放しなければならないとしているのであって、その公的必要性と無令状拘束による人権侵害の一時的性格とを考えれば、そのような制度を違憲と解すべきではない。判例も、このような見地から、憲法三三条の規定の趣旨に反するものではないとして、この合憲性を認めている(2)。

(1)　現行犯以外の場合の無令状拘束を一切認めないという国はない。
(2)　最高裁大法廷判決昭和三〇年一二月一四日。

第42問　身体の拘束を受ける者に、憲法上どのような人権保障が規定されているか。

〔関係条文〕三三条、三四条

一　憲法は、刑事訴訟手続における身体の拘束が身体的自由に対する重大な侵害となり得るとの立場から、逮捕について令状主義の原則を定めている（三三条）ほか、不法な身体の拘束がなされることがないようにし、権利保障を全うするために、「何人も、理由を直ちに告げられ、且つ、直ちに弁護人に依頼する権利を与へられなければ、抑留又は拘禁されない。又、何人も、正当な理由がなければ、拘禁されず、要求があれば、その理由は、直ちに本人及びその弁護人の出席する公開の法廷で示されなければならない」と規定している（三四条）。いずれも、刑事手続における身体の拘束に関する規定であって、「抑留」とは身体の一時的な拘束を意味し、「拘禁」とは比較的継続的な拘束をいう。逮捕及び勾引に伴う留置はこの「抑留」に該当し、勾留及び鑑定留置はこの「拘禁」に該当する。

二　身体の拘束を行うに当たっては、理由を直ちに告げることが求められる。理由とは、その抑留・拘禁を必要とする理由（犯罪事実の存在等）を意味する。逮捕した被疑者に対して、司法警察員が犯罪事実の要旨を告げることとされている（刑事訴訟法二〇三条）のは、この憲法上の保障に基づくものである。また、弁護人を依頼する権利を直ちに与えなければならない。逮捕留置中及び勾留中の被疑者・被告人が刑事施設の長等に弁護人の選任を申し出た場合には、その刑事施設の長等が被疑者・

被告人の指定した弁護人に通知しなければならないとされている（刑事訴訟法七八条、二〇九条）のは、これを受けたものである。もっとも、憲法の規定は、あくまで被疑者らの権利行使を妨害することを禁じたものであって、国に弁護人を付ける義務を負わせるものではない。(1) なお、刑事訴訟法においては、弁護人依頼権の保障の趣旨を受けて、身体の拘束を受ける者に対して弁護人を選任できることを告知しなければならないとし、身体の拘束を受けている被疑者・被告人が弁護人又は弁護人となろうとする者と立会人なしに接見し、書類や物の授受を行うことができると規定している。(2)

三　拘禁の場合には、要求があればその理由を公開の法廷で示さなければならない。被拘禁者は、拘禁理由の開示を求める権利を有する。これに対し、一時的な身体の拘束についてはこの対象とはされていないから、逮捕留置中の被疑者にはこの権利はない。この憲法の規定を受けて、刑事訴訟法上、勾留理由開示制度が設けられ、被勾留者及びその弁護人等が請求を行ったときは、公開の法廷で、裁判長が勾留の理由を告げ、検察官、被勾留者、弁護人等が意見を陳述し得ることとされている。

また、この憲法の規定の背景にある考え方、すなわち人身の自由を不当に拘束されている者の早期解放を重視する立場から、人身保護法が制定され、法律上正当な手続によらないで身体の自由を拘束されている者全般の救済手段として、判決をもって被拘束者を釈放する制度が設けられている。

（1）　勾留された被疑者の国選弁護は、憲法上義務付けられた制度ではない。
（2）　最高裁判決昭和五三年七月一〇日では、弁護人等との接見交通権は、この憲法三四条の規定の趣旨にのっとった重要な権利であるとしている。

第43問　捜索・押収に関して、憲法上どのような規制があるか。

〔関係条文〕三五条

一　刑事訴訟手続においては、証拠の収集、犯人の発見・確保のために、捜査機関が国民の私宅等に強制的に立ち入るとともに、各種の証拠物の占有を強制的に取得することが必要となる。憲法は、個人の私生活の自由を重視する立場に立って、住居の不可侵と個人の書類その他の所持品の不可侵とを規定し、憲法三三条の場合と司法官憲（裁判官）の令状がある場合に限って、住居への侵入、所持品等の捜索・押収を認めている（三五条一項）。

二　憲法三三条の場合とは、憲法上認められた逮捕に伴って捜索等が行われる場合を意味する。令状に基づいて被疑者を逮捕する場合及び現行犯人を逮捕する場合だけでなく、緊急逮捕も、合憲の逮捕行為であるから、この「憲法第三三条の場合」に含まれる。刑事訴訟法は、これを受けて、現行犯逮捕、通常逮捕及び緊急逮捕のために必要がある場合には、令状なしに、人の住居等に入って被疑者の捜索を行い、逮捕の現場で差押え、捜索又は検証をすることができると規定している（刑事訴訟法二二〇条）。

三　逮捕に伴う場合を除き、侵入、捜索、押収を行うこと（新たな類型について一四六頁の補足参照）、つまり、管理者の意思に反する住居への立入り、所持者等の意思に反する物の強制的点検、物の占有の強制的取得を行うには、裁判官の令状を要する。この令状が、正当な理由に基づいて発せられ、かつ、捜索する場所及び押収する物を明示するものでなければならないことは、明文で規定されている。また、令状は、個々の捜索又は押収についてそれぞれ必要であり、数個の捜索又は押収についての包括的な令状は許されない（三五条二項）。もとより、捜索と押収を一通の令状によることはこの趣旨に反するものではない。なお、捜索する場所及び押収する物について明示することはこの規定から求められるところであるが、適用法条や犯罪事実を記載することまでは要求されていない。また、押収すべき物の特定の手段として、複数の物を具体的に記載したのに加えて「その他本件に関係ありと思料される一切の文書及び物件」と記載することも、判例上押収すべき物の明示の要請に反しないとされている。(1)

この令状主義の規定に反して押収された証拠物については、判例は、憲法三五条が住居等の不可侵の権利を保障し、これを受けて刑事訴訟法が厳格な規定を設けていること、憲法三一条が法の適正な手続を保障していること等に鑑み、「押収等の手続に、憲法三五条及びこれを受けた刑訴法二一八条一項等の所期する令状主義の精神を没却するような重大な違法があり、これを証拠として許容することが、将来における違法な捜査の抑制の見地からして相当でない」と認められるときは、証拠能力が否定されるものとしている。(2)

(1)　最高裁大法廷決定昭和三三年七月二九日。許可状に記載された被疑事件に関係があり、例示の物件に準じられるような物を指すことが明らかであることがその理由とされている。

(2)　最高裁判決昭和五三年九月七日。

第44問　刑事被告人の権利として、どのようなものが憲法上規定されているか。

〔関係条文〕三七条

一　憲法は、刑事被告人の権利として、公平な裁判所の迅速な公開裁判を受ける権利、証人審問権・証人喚問権、弁護人依頼権を保障している（三七条）。「公平な裁判所」とは、構成その他において、偏った裁判がなされるおそれのない裁判所を意味する。(1) 利害関係等を有している裁判官が参加しないようにするため、除斥や忌避などが制度化されている。「迅速な裁判を受ける権利」は、不当に裁判を遅延させることを禁ずるものである。遅延が極めて極端な場合には、裁判が打ち切られることもある。(2)「公開の裁判を受ける権利」とは、公判手続及び判決が公開でなされる（傍聴が認められる）ことを意味する。裁判の公開については、八二条でも定められているが、三七条一項は、被告人の権利として規定したものである。なお、略式命令手続は、正式裁判を請求すれば、改めて通常の手続で審理・判決がされるので、非公開でも憲法に違反しない。

二　憲法は、刑事被告人に、証人に対して審問する機会を十分に与えられ、公費で自己のために証人を求める権利を認めている。「証人審問権」は、自己に不利な証言をする証人に対して、公判で反対尋問をする権利である。公判廷外の供述を証拠とすることを例外的にしか認めないとする制度も、この権利を実質化するものといえる。「証人喚問権」とは、被告人が自分のために証人（鑑定人などを含む。）を公費で強制的に喚問する権利を意味する。もっとも、裁判所は、被告人が求めた者を全て証人としなくとも、事件を審理する上で必要適切な範囲の者を証人とすれば足りる。なお、証人の日当や旅費は国が支払うが、有罪判決を受けた場合に訴訟費用（証人を呼んだ費用も含む。）を被告人に負担させても、この規定には反しない。

三　憲法は刑事被告人に、いかなる場合にも、資格を有する弁護人を依頼する権利を認めている。刑事裁判において、被告人の正当な利益を擁護する法律専門家が必要であるためである。弁護人を依頼できないとき（貧困の場合に限らず、弁護人になる者がいないときを広く含む。）には、国選弁護人が付されるべきことが、憲法上明記されている。被疑者段階での国選弁護制度は憲法上の要請ではないが、被告人段階の国選弁護は憲法の要請そのものである。なお、刑事訴訟法は、憲法の趣旨をさらに進めて、裁判所が被告人に弁護人依頼権と国選弁護人依頼権を告知することを定めているほか、重い刑の対象となる事件（必要的弁護事件）の場合には、弁護人がいなければ開廷できないこととしている。

（1）裁判員制度は、裁判員の資格に関する要件と職権行使の独立を定め、裁判官と裁判員が十分な評議を行って双方の意見を含む合議体の過半数によって決せられるようになっていることなど、憲法の要請に応えた制度となっている。

（2）最高裁判決昭和四七年一二月二〇日・高田事件。一五年あまりにわたって公判期日が全く開かれなかったという極めて異例な事件について、免訴の言い渡しをした。

第45問　犯罪被害者の権利保護は、被告人の権利を侵害しないか。

〔関係条文〕一三条、三七条二項

一　被疑者・被告人の人権については、憲法三一条以下に詳細な規定が置かれている。これに対し、犯罪被害者の人権について直接定めた規定はない。しかし、犯罪は個人の尊厳、生命・身体・幸福追求の権利を侵害する典型的な行為であり、その回復を図ることは、憲法一三条に根拠を求めることができる。近年では、犯罪被害者の権利保護の必要性が認識され、警察をはじめとする行政機関によって施策が講じられるとともに[1]、犯罪被害者等基本法をはじめとして、被害者のための法律が整備されてきている[2]。

二　刑事訴訟法の改正により、証人（特に性犯罪の被害者）の保護の観点から、付添人を認めるとともに、証人を遮へいすることや、証人尋問をビデオリンク方式（裁判所構内の他の場所に在席させ、映像と音声の送受信により、通話する方式）で行うことを認める制度が導入された。一方、被告人には、憲法で証人審問権が認められ、公判において証人に対して反対尋問をすることができる。証言の状況を自ら見聞きすることがその前提となる。このため、被告人から証人が見えず、あるいは映像でしか見えない状態では、証人審問権が害されるとの主張があるが、判例は、遮へいされても被告人は供述を聞いて自ら尋問でき、証人の供述態度は弁護人が観察できること、ビデオリンク方式の場合も映像と音声を通じて供述を見聞きすることができることから、いずれも証人審問権を侵害しないと結論付けている。(3) 被害者の氏名等が開示されないことも、被告人の権利を害するものではない。

三　犯罪被害者が情状に関する意見を陳述し、さらに刑事裁判に参加して被告人質問を行い、量刑を含めて自らの見解を述べることは、事件の当事者としての被害者の正当な利益であり、被告人の権利を侵害するものではなく、適正手続の保障に反するものではない（被告人は被害者参加人の質問に対して供述するかどうかの自由がある。被害者からの反論をおそれて弁解を述べにくくなったとしても、事実上の影響にすぎない。被害者が関わることで量刑が重くなったとしても、本来考慮されるべき事項が考慮された結果であって、不当ではない。）。被害者等の身体財産に害を加えあるいは畏怖させる行為を防止するために、被告人の保釈を制限することも、被害者等の正当な権利利益を保護するものであって、当然に認められる。

（1）警察は、平成八年に被害者対策要綱を制定し、他の行政機関に先駆けて、犯罪被害者に対する二次的被害の防止、被害者への支援等を組織的に行うこととした。
（2）刑事訴訟法に定めるもののほか、損害賠償命令の申立て、公判記録の閲覧謄写、少年審判の結果の通知、少年審判への出席等が法律で認められるようになった。また、刑事裁判への被害者の参加に関して、国の負担で弁護士を付することも制度化されている。
（3）最高裁判決平成一七年四月一四日。遮へい措置は弁護人が出席することが前提とされている。

第46問　自己に不利益な供述を強要することが禁止されるのは、どのような意味をもつか。

〔関係条文〕三八条一項

一　憲法は、「何人も自己に不利益な供述を強要されない」ことを規定している。この「自己に不利益な供述」とは、自らの刑事責任に関する不利益な供述を意味する。犯罪事実を自白することが典型であるが、量刑上の不利益な事実を供述することも含まれる。刑事事件の全貌を知るのは犯人自身であり、その真実の供述を得ることは事件の真相を解明する最も有効な手段であって、歴史的に自白を強要する捜査が広く行われてきた。しかし、人間にとって、自らに不利益な供述を強制されることは大きな苦痛であり、人間の尊厳を守るという見地からは、それに対する歯止めが必要となる。また、自白がいったんなされると、かりに真実と異なるものでも、その自白に従った裁判がなされやすいという傾向がある。憲法が自己に不利益な供述を強要されないという権利を保障したのは、このような過去の経験等をふまえたものである。

二　この規定により、供述することを物理的に強制することはもとより、供述をしないことを理由に刑罰その他の法的不利益を与えることも全面的に禁止される。(1) 刑事訴訟法は、被告人などに本人にとっての有利・不利を問わず、すべての供述を拒否し得るいわゆる黙秘権を保障しているが、これは、憲法上の保障を更に拡大したものである。もとより、この権利は、供述しない自由を認めたものであって、虚偽の供述をする自由を認めたものではない。なお、同法では、更にこの規定の趣旨を受けて、捜査機関・裁判所に、被疑者・被告人に対して自己の意思に反して供述する必要がない旨を告げることを義務付けている。(2)

三　自己に不利益な供述をしない権利は、自らが刑事事件の被告人・被疑者となっている場合だけでなく、他の者の刑事事件あるいは民事事件の証人として証言をする場合でも同様に認められる。一般に証人には証言の義務が課せられているが、自己の刑事上の不利益を生ずるような証言を義務付けることは許されない。刑事訴訟法は、これを受けて、自己が刑事訴追を受け、又は有罪判決を受けるおそれのある証言を拒むことができることを規定している。また、各種の行政上の目的を達成するために一定の事項の報告を行う義務を課し、これに違反した者に刑罰を科すことについても、犯罪事実自体の申告の義務付けとなってはならない。道路交通法上の交通事故の報告義務について、事故発生の日時場所等を報告の対象とし、刑事責任追及の根拠となるような事故原因を報告の対象としていないのは、このような観点によるものである。なお、各種の許可業者に関する取締法令において一定の事項の記帳義務を課すことについては、判例上、許可を受けた者はそれに関する各種の制限を受諾しているというべきであって、憲法に違反しないとされている。(3)

（1）黙秘している被告人を有罪とする際に、自白した者に比べて量刑上で差異を生じさせることは、これに反しないと解されている。

（2）この告知自体は憲法上の義務ではなく、憲法の趣旨を踏まえて、刑事訴訟法が定めたものである。

（3）最高裁判決昭和二九年七月一六日。

第47問　自白の証拠能力及び証明力に関して、どのような憲法上の規制があるか。

〔関係条文〕三八条二項、三項

一　憲法は、既に述べたように（前問参照）、自白偏重の裁判・捜査による弊害を防止し、人間の尊厳を守るという見地から、自己に不利益な供述を強要することを禁止し、これを実質的に担保するために、自白の証拠能力及び証明力を制限する規定を設けている。もとより、この規定は、捜査機関が被疑者に自白するように求めることや裁判所が自白を証拠とすることを全面的に禁止したものではない。刑事訴訟法も、そのような観点から、強要に当たらない方法による被疑者の取調べを認め、その供述に証拠能力を与えている。

二　強制、拷問若しくは脅迫による自白又は不当に長く抑留若しくは拘禁された後の自白を証拠とすることはできない（三八条二項）。このような自白は、それが虚偽の内容のものとなりやすいだけでなく、そのような捜査機関による違法な圧迫が人権の侵害になるという意味からも、証拠として用いることが禁止されている。「強制、拷問若しくは脅迫」とは、自白を得るのに捜査機関が暴行、脅迫又はその他の手段によって、相手方に対する強制を行い、その自由意思を抑圧したものをいう。「不当に長く」拘束された後の自白も、これと同様に証拠能力が認められない。「不当」に長いかどうかは、単なる期間の長短だけでなく、事件の性質、罪証隠滅のおそれなどの諸般の事情によって判断される。なお、不当に長い拘束の後の自白でも、公判廷での自白で、因果関係が全くないと認められる場合には、この対象とはならない。また、刑事訴訟法は、この二つの類型のほかに、「その他任意にされたものでない疑いのある自白」についても、証拠能力を否定している（刑事訴訟法三一九条一項）。判例は、共犯者が自白したと虚偽の事実を告げて自白させたものについて、偽計によって被疑者が心理的強制を受け、その結果虚偽の自白が誘発されるおそれのある場合には、その自白は任意性に疑いがあるものとして証拠能力を否定すべきであり、そのような自白を証拠とすることは、刑事訴訟法に違反するだけでなく、ひいては憲法三八条二項にも違反することとなることを明らかにしている（1）。

三　自己に不利益な証拠が本人の自白しかないときは、有罪とされない（三八条三項）。これは架空の自白によって有罪とされるのを防止するためのものである。自白を補強するもの（補強証拠）は、犯罪事実の全部にわたる必要はなく、自白の真実性を保障し得るものであれば足りる。本人の自白については、このような憲法上の制限があるが、共犯者、共同被告人の供述はこれと異なり、それでのみ有罪とすることができる。なお、公判廷における自白の場合は、圧迫・強制等がなされるおそれがなく、その真実性について裁判所が直接判断できることから、憲法上は補強証拠を要しない（三八条三項の「自白」には含まれない）と解されているが（2）、現行法上は、この場合でも補強証拠を要することとされている（刑事訴訟法三一九条二項）。

（1）　最高裁大法廷判決昭和四五年一一月二五日。
（2）　最高裁大法廷判決昭和二三年七月二九日。

第48問　刑事手続に関するものとして他にどのような憲法上の規定があるか。

〔関係条文〕三六条、三九条、四〇条

一　憲法は、刑事手続が適正でなければならないことを基本とし、これまで述べたもののほかに、遡及処罰の禁止、一事不再理、拷問及び残虐な刑罰の禁止と無罪とされた者に対する補償を定めている。まず、何人も実行の時に適法であった行為については刑事上の責任を問われない（三九条）。この原則は、遡及処罰の禁止あるいは事後法の禁止と呼ばれ、罪刑法定主義の重要な要素である。実行の時に違法とされてはいたが罰則が設けられていなかった行為について、事後の法改正で罰則が設けられた場合に処罰することはもとより、実行行為時に犯罪とされていた行為について、事後の法改正に基づいて当時の刑罰より重い刑罰を科すことも、この規定に違反する。これに対し、手続規定が変更された場合に、新しい手続法を適用することはこれに反するものとはいえない(1)。

二　憲法は、「何人も、……既に無罪とされた行為については、刑事上の責任を問われない。又、同一の犯罪について、重ねて刑事上の責任を問われない」と規定し、被告人のための一事不再理を定めている。いったん無罪判決や有罪判決が確定した後では、新たにその元被告人に不利な証拠が発見され、あるいは量刑上の重要な事実が判明した場合でも、再度起訴・裁判することは許されない(2)。したがって、再審は、被告人に有利なものに限って認められる。これに対し、無罪の判決がなされた場合でも、確定前に検察官が上訴することは許される。また、証拠不十分で不起訴にした事件について、その後に判明した証拠等に基づいて起訴することも、この一事不再理に反することにはならない。刑罰を再度科することが問題なのであって、懲戒処分と重なることも、この対象とはならない。

三　公務員による拷問及び残虐な刑罰は、絶対的に禁止される（三六条）。拷問の禁止は、不利益な供述の強要の禁止（三八条）に当然に含まれるものであるが、非人道的なものであって絶対的に禁止されることを特に明確にしたものである。同様に、人道上残酷とされる刑罰（火あぶりなど）も絶対的に禁止される。なお、死刑は、憲法自体にそれを前提とした規定がある[3]ことからみて、それ自体が残虐な刑罰に当たるものではないと解されている。このほか、憲法は、抑留又は拘禁された後に無罪の判決を受けた者は、国に補償を求めることができるとしている（四〇条）。これを受けて、刑事補償法が制定され、逮捕・勾留された被告人が無罪となった場合には、国等の過失の有無を問わず[4]、国が補償を行うことが規定されている。なお、不起訴となった者に対しては、この憲法上の刑事補償の対象とはならないが、国の行政措置として補償金の支払いがなされている。

（1）　公訴時効期間を延長又は廃止する改正法を、法制定前の事件に適用しても、憲法に違反しない。

（2）　一事不再理の効力は、有罪・無罪の裁判があった場合に限られ、公訴棄却などの形式裁判には生じない。親告罪について告訴がないため公訴棄却の判決がなされた後に告訴を得て再度起訴することは可能である。

（3）　三一条では、「何人も法律の定める手続によらなければ、生命……を奪われ、又はその他の刑罰を科せられない」としており、死刑制度の存在が予定されている。

（4）　国等の過失があれば、死刑制度のほかに、国家賠償を請求することも当然に可能である。

第49問　行政上の調査に関して、憲法上の住居の不可侵等の規定が適用されるか。

〔関係条文〕三五条、三八条一項

一　憲法三五条の規定は、元々は刑事責任追及手続における強制について裁判官の事前審査を義務づけたものであるが、行政上の立入りやその他の調査においても、適用される場合がある（刑事責任追及手続でないからというだけでこの保障が及ばないということにはならない。）。裁判官の事前の令状を要するかどうかは、それが実質的に刑事責任追及につながっていくものかどうかと、達成しようとする公益の内容及び負担の程度（直接の強制か、間接の強制か）によって異なる。

二　国税犯則手続や公正取引委員会の行う犯則調査手続は、刑事手続自体ではないが、証拠を収集し、告発をして刑事手続に引き継ぐことを予定しているので、この規定の保障が及ぶ。したがって、強制立入（臨検）、捜索、差押えをするには、裁判官の令状を要する。これに対し、営業の許可を受けている事業者に対して、行政上の監督のために行われる調査（その営業所等に立ち入り、書類を検査し、質問するといった形態のもの）については、刑事責任追及とは異なるものであり、またその態様も実力で強制する「直接強制」ではなく、拒んだ場合に刑罰の対象とされるという間接強制にとどまるものであって、令状を要しない。税務調査も同様とされている。(1)

警察官職務執行法六条一項に基づく立入りの場合は、直接の強制作用であり、相手方の抵抗を実力で排除するものであるが、危険な事態において人の生命等を保護するために行われるものであって、刑事責任追及とは関係がなく、緊急性も高いので、裁判官の令状は不要である。(2)

三　行政調査では、関係者に質問することを定め、質問に応じない場合を処罰する規定が置かれている場合があるが、刑事責任追及のための資料収集に直接結びつくものの場合には、憲法三八条一項の保障の対象となる。(3) なお、直接に刑事責任追及を目的としていない手続の場合であっても、実質的に本人の刑事責任を認めることとなる内容について供述を強制することは許されない（第46問参照）。

(1)　最高裁大法廷判決昭和四七年一一月二二日・川崎民商事件。判決は、憲法三五条一項の規定が行政手続にも及び得るとした上で、所得税法に基づく調査の場合は、直接に刑事責任追及につながるものでなく、間接強制であること、公益目的実現上不可欠であること等を指摘して、憲法三五条一項に違反しないとしている。

(2)　児童虐待の被害者の安全確認のために強制的に立ち入ること（臨検）については、裁判官の令状を得て行うこととされているが、これは憲法上の要請ではない。

(3)　三八条一項の保障は国税犯則調査の場合は及ぶ（最高裁判決昭和五九年三月二七日）が、税務調査の場合に質問に応じないことを処罰しても三八条一項には違反しないとされている（前記川崎民商事件判決）。

第50問　警察が人の容ぼう等を撮影することについて、憲法上どのような制限があるか。

〔関係条文〕一三条

一　憲法には、人の容ぼう等を撮影することについて、特別の規定はない。しかし、「生命、自由及び幸福追求に対する権利」を定めた憲法一三条の規定は個人の尊重の観点から必要となる人権を一般的に保障したものであって、この規定を根拠に、国民の私生活上の自由の一つとして、何人も「その承諾なしに、みだりにその容ぼう等（容ぼうと姿態）を撮影されない自由」を有することが判例で認められている。(1) したがって、警察などの機関が、正当な理由もないのに、人の容ぼう等を撮影することは許されない。

二　しかし、この自由も公共の福祉のために必要がある場合には相当な制限を受ける。例えば、現行犯状態の場合で、証拠保全の必要性緊急性があるときは、撮影が相当な方法で行われる限り、裁判官の令状がなくとも、本人の承諾なしにその容ぼう等を撮影することができる。(2) 自動速度取締装置による撮影についても、現行犯状態であり、証拠保全の必要性緊急性があり、撮影する旨が表示されていて撮影方法が相当であることから、適法とされている。

三　現行犯以外の場合でも、公益性と侵害される利益とに照らして、より高い公益性がある場合には、法律の根拠規定がなくても、容ぼう等の撮影が認められる。例えば、犯罪捜査の過程で犯人特定のための証拠資料を入手するために、公道上やパチンコ店内における容疑者の容ぼう等を撮影する行為が判例によって認められている[(3)]。

また、警察が街頭に防犯カメラを設置して継続的に撮影することについては、判例はないが、その場所で犯罪が行われる相当程度の高い可能性があり、犯罪が行われた場合に撮影した結果を利用する必要性が高く、防犯カメラで撮影していることを表示し、得られた映像を厳重に管理して、犯罪予防及び犯罪捜査以外に用いず、かつ短期間しか映像を保持しない（犯罪が届け出られるまでの期間を想定し、概ね一週間程度を超えれば、届出がなければその映像を消去する）といった限定を付すのであれば、一般的に違法なものとはならないと考えられている。

（1）　最高裁大法廷判決昭和四四年一二月二四日・京都府学連事件。

（2）　公安条例に基づく許可条件に違反したデモ行進における撮影が適法とされた。この場合、犯人だけでなく、被写体の近くにいて除外できない第三者である個人の容ぼう等が含まれても違法とはならない。

（3）　最高裁決定平成二〇年四月一五日。被告人が「犯人である疑いを持つ合理的な理由が存在していた」ことと、「犯人の特定のための重要な判断に必要な証拠資料を入手するため」であり、公道やパチンコ店内という人が他人から容ぼう等を観察されることを拒めない場所であったことを指摘し、捜査目的に必要な範囲で、相当な方法で行ったものとして適法とされている。

第51問　個人情報をめぐってどのような権利が認められているか。

〔関係条文〕一三条

一　個人情報に関して憲法に直接定めた規定はないが、憲法一三条に基づいて、公権力の行使から保護される私生活上の自由の一つとして、「何人も、個人に関する情報を、公の機関によって、みだりに第三者に開示又は公表されない自由」が認められている。(1) 住民基本台帳法に基づく住基ネットへの提供は、秘匿性が高い情報ではないことと、他に流用されることのない法的な仕組みが設けられていることなどから、「みだりに」には当たらない。これに対し、個人の前科といった秘匿性の高いものの場合には、弁護士法に基づく弁護士会からの照会に対して回答するときでも、必要性等を十分に吟味しないで行えば、違法とされる。(2)

二　公の機関以外の者との関係では、「自由」権としてではなく、「プライバシーを侵害する不法行為に当たる」かどうかという形で争われる。「プライバシー」とは、出版等によって私生活をみだりに公開されない権利として位置づけられてきた（プライバシーを理由とした差し止めについては、第25問参照）が、近年では、自らについての個人情報をみだりに収集、提供されないことを含めた意味で用いられるようになってきている。情報の流通や集約を容易にするための技術が著しく発達したことから、一つ一つはそれほどの影響がなくとも、組み合わされ、集積されることによって、全体として個人の行動が完全に再現されるのではないか、といったおそれを感じる者が増加しているため、個人情報保護についての法律が制定されるとともに、「プライバシー」という言葉で保護されるものの範囲もより広いものとなってきている。

三　氏名、住所のような他者に知られることがある程度の範囲で想定されているものであっても、本人の同意を得ることなく、他者に提供する行為は、「自己が欲しない相手にはみだりにこれを開示されたくない」とする期待に反するものとして、違法とされる場合がある。(3) これに対し、コンビニ店が撮影した防犯カメラの映像を、その店とは関係のない事件の捜査に協力するために警察に提供したことに関して、カメラに映った者からコンビニ店を訴えた事件では、撮影録画には目的の相当性、必要性、方法の相当性が認められ、警察に提供することも適法な捜査に協力する公益性を有するなどとして、訴えが退けられている。(4)

（1）　最高裁判決平成二〇年三月六日・住基ネット事件。
（2）　最高裁判決昭和五六年四月一四日。
（3）　最高裁判決平成一五年九月一二日・早稲田大学江沢民講演会名簿提出事件。大学で行われる外国要人の講演会参加者リスト（学籍番号、氏名、住所及び電話番号）を同意なしに警察に提供したことが違法とされた（公益性を認めつつ、予め警察に提供することを明示して記載を求めるなど、同意を得ることが可能であったことが指摘されている。）。
（4）　名古屋高裁判決平成一七年三月三〇日。

第52問　外国人に入国時に指紋情報の提供を義務付けることは憲法上の問題を生じないか。

〔関係条文〕一三条

一　出入国管理及び難民認定法では、外国人（特別永住者や一六歳未満の者などの場合を除く。）が入国（上陸）する際に、指紋情報を含めた個人情報を電磁的方式によって提供することを義務付けている。(1)テロ行為を行うおそれがある者など、本来入国を認められない者が、他人名義の旅券などを用いて入国することを防止するための制度である。

二　外国人も、原則として、基本的人権が保障される。指紋に関して直接に定めた憲法の規定はないが、個人の尊重を定めた憲法一三条の規定によって、個人の私生活上の一般的な自由が保障されていることから、みだりに指紋押捺を強制されないという自由を国民、外国人ともに持つことが判例上認められている。(2)現在、指紋押捺の強制は、刑事訴訟法の規定により身体を拘束されている者を対象にするときのほかは、令状を得て行われている。指紋情報の電磁的な提供も同じであり、正当な理由なしに、国民及び外国人に義務付けることは許されないのである。

三　しかし、外国人の入国及び在留管理については、一般の場合とは異なった特質がある。そもそも外国人は、日本に入国をする自由を持たない（同様に、日本に在留する権利も憲法上保障されない。）。国際的にも、各国は自国の安全や福祉に害を及ぼすおそれのある外国人の入国を拒否できる

（入国を拒否するかどうかはその国が自由に決めることができる。）ことが認められている。一方、今日においては、テロ対策を含めた適正な入国管理の観点から、日本として入国を拒否すべき外国人の入国を確実に阻止する必要性は高い。したがって、入国を希望する外国人に指紋情報を含めた個人識別情報の提供を求め、それに応じない外国人の入国を拒否することは、憲法の定める人権保障に反することにはならないのである。

この考えは、在留外国人の指紋押捺義務制度があったころに、その義務を果たすことを拒んだ外国人について、法務大臣が再入国許可を拒否しても、社会通念に照らして著しく妥当性を欠く場合以外は違法とならないとされていた(3)のと同じである。

（1）入国管理当局が電磁的な方法で顔写真を撮影し、指紋情報を登録する。応じない外国人の入国は認められない。

（2）最高裁判決平成七年一二月一五日。この判決は、みだりに指紋押捺を強制されない自由を国民、外国人ともに持つことを認めつつ、日本に居住する外国人に指紋を押捺させる制度について、外国人の公正な在留管理の観点から合理性、必要性があり、方法としても相当であるので憲法に反しない、との判断を示したものである。なお、この指紋押捺制度は平成一二年までに廃止されている。

（3）最高裁判決平成四年一一月一六日・森川キャサリーン事件。

第53問　国民は出国の自由を持つか。外国人は入国の自由を持つか。

〔関係序文〕二二条二項

一　憲法は、国内における居住・移転の自由を保障する（二二条一項）とともに、外国移住の自由を保障している（二二条二項）。外国移住の自由とは、行先の国が移住を認めることを前提としたものであるが、外国に移住することを我が国の機関が禁止してはならないことを意味する。また、この規定は、一時的に外国に旅行することも含むものであると解されている。したがって、国民は、海外移住・海外旅行の目的で、出国する自由を有する。

二　憲法の定める自由権については、一般的に公共の福祉の上で必要かつ合理的な範囲での制限を行うことが許されるが、特に、この出国の自由の場合には、国内における移転の自由の場合とは異なって、国際間の関係の面から種々の制限を行うことが必要となる。まず、国際間において旅券制度が一般に採用されている以上、旅券を有しない者の出国を禁止することは当然に許される。この結果、旅券法に基づいて外務大臣が旅券の発給を拒否し、あるいは既に発給した旅券を失効させることが実質的にこの出国の自由を制限することになるが、「著しくかつ直接に日本国の利益又は公安を害する行為を行うおそれがあると認めるに足りる相当の理由がある」などの場合に旅券発給を拒否することは、判例上、公共の福祉のための合理的制限であって、違憲ではないとされている。(1) 犯罪者の海外逃亡を防止するため、一定以上の犯罪について逮捕状が発付されている者、刑の執行猶予中の者などの旅券発給を制限することができるのはいうまでもない。なお、国民について出国の自由を認める以上、帰国（入国）の自由もその性質上認められる。

三　一般に外国人もその権利の性質に反しない限度では憲法の定める基本的人権を享有するものとされており（第14問参照）、外国人の出国についても、国民の場合と同様に、外国移住の自由の一つとして認められる。もとより、この場合においても、出国確認の制度を設け、犯罪者の海外逃亡防止の観点から、一定以上の犯罪について逮捕状が発付されていることの通知を受けた場合などに出国確認を一時的に留保するといった必要最小限の制限を加えることは許される。

これに対し、外国人の入国については、その自由ないし権利は認められない。国際間の慣習としても、外国人の入国の許可はその国の自由裁量に委ねられ、国家が外国人の入国を許可する義務を負わないものとされているのであって、我が国のみが一方的に入国の自由・権利を与えたものとは考えられないからである。判例も「外国人の入国の自由」を認めない立場に立つことを明言している[(2)]。したがって、外国人の入国について、旅券の所持、特定の在留資格等を要件とし、入国審査官の審査を受けることを義務付けることは、憲法上の問題の対象とはならない。また、外国人は、いったん我が国に入国した後でも、我が国に在留し、あるいはその更新を求める権利を持つことにもならない。なお、外国人が、亡命や国籍取得の権利・自由を持たないことは、いうまでもない。

（1）　最高裁大法廷判決昭和三三年九月一〇日。
（2）　最高裁大法廷判決昭和三二年六月一九日。

第54問　職業選択の自由には、どのような制限があるか。

〔関係条文〕二二条一項

一　憲法は、すべての人に職業選択の自由を保障している。これには、国民がいかなる職業につくかを選択する自由（職業の開始・継続・廃止の自由）と、その職業活動を行う自由（選択した職業の内容・態様の自由）とがあり、自ら営利を目的とする事業を行う自由（営業の自由）も含まれる。

二　個人の自由な経済活動を認めることは近代社会（自由主義経済体制）の特徴であるが、今日の社会では、その自由主義経済によって生ずる弊害を防止することが必要とされている。憲法が国民の生存権を規定している（二五条）ことは、社会的弱者の保護など、国民経済の健全な発達と国民生活の安定を図るために、経済活動に対する国家の積極的な介入を求めたものといえる。この職業選択の自由について「公共の福祉に反しない限り」認められるとしているのも、そのような社会経済政策上の見地からの制限が加えられることを前提としたものである。このため、職業選択の自由については、精神的自由などの場合に比べ、より広い範囲での制限が認められる。

三　職業選択の自由の制約には、種々のものがある。まず、反社会的なもの（管理売春等）は、全面的に禁止される。その営業の性質上全く自由にすれば、衛生、風俗、危険防止といった面で、公共の福祉を害するおそれがあるものについては、一定の要件・資格を満たした者に限って行うことを認め（風俗営業の許可等）、行政機関の監督の対象とする制度が設けられている。また、公共的な事業については、極めて限られた者にのみ行うことを認めている（電気通信事業、鉄道事業等）。これらの制限は、それらの事業自体の性質に基づく内在的制約といえる。

他方、既に述べたような社会政策・経済政策上の観点（中小業者・消費者の保護など）からも、営業活動を制限する法令が極めて多数制定されている。もとより、精神的な自由などに比べより広い範囲での制限が認められるとはいっても、国民の自由の制限は、あくまで目的達成のために必要かつ合理的な範囲でなければならない。判例は、一般的には、社会政策・経済政策上の規制措置の必要性の有無、規制措置の対象・手段・態様などの判断については、国会の裁量に委ねられるが、それが裁量権を逸脱し、著しく不合理である場合には違憲となるものとしている[1]。そして、公衆浴場の距離制限については偏在による国民の不利益と経営悪化による衛生設備の低下のおそれを理由として合憲としたが[2]、薬局の距離制限（既設の薬局から一定の距離の範囲内では新たな薬局の許可をしないこと）については、それが薬局の許可制の目的（国民の健康に対する危険の防止）達成のために必要・合理的な制限とはいえないとして、違憲としている[3]。

（1）　最高裁大法廷判決昭和四七年一一月二二日。この事件は、小売市場の許可制が争われたものであるが、判例は、目的に一応の合理性がないわけでなく、規制が明確に不合理とはいえないとして、合憲であるとしている。

（2）　最高裁大法廷判決昭和三〇年一月二六日。

（3）　最高裁大法廷判決昭和五〇年四月三〇日。

第55問　危険な事態を防止する目的で財産権を制限する場合には、補償を要するか。

〔関係条文〕二九条

一　憲法は、まず「財産権は、これを侵してはならない」と規定し（二九条一項）、この権利を保障している。財産権も、既に述べた職業選択の自由と同様に、その権利に内在する制約を受けるだけでなく、社会・経済的な見地からの各種の制限を受ける。また、今日の社会を維持するためには、個人の財産権を絶対のものとするのではなく、公的な目的のために国などが補償を支払って個人の土地などを収用する制度も必要である。憲法が、「財産権の内容は、公共の福祉に適合するやうに、法律でこれを定める」とし（二項）、さらに、「私有財産は、正当な補償の下に、これを公共のために用ひることができる」としている（三項）のは、このような考え方に基づくものである。

二　財産権の制限は、法律の規定によって行われる。[1] 財産権に内在する制限としては、社会における保健・衛生・安全に対する危害防止等のための規制がある。火災の予防のための消防法に基づく規制や、銃砲刀剣類所持等取締法に基づく銃砲刀剣類所持の制限など、公共の安全と秩序の維持のための物的規制は、いずれもこれに属する。また、経済的・社会的弱者の保護や、産業の発展等のための政策的規制として、独占禁止法、借地借家法、農地法などで、財産権の行使に種々の制約が加えられている。財産権の制限は、精神的自由の場合に比べてより広い範囲で認められるが、あくまで公共の福祉のために必要かつ合理的な範囲のものでなければならない。[2]

三　個人の私有財産について、公共の利益のために必要がある場合には、国などの公の機関は、正当な補償を行った上で、それを強制的に収用し、あるいは強制的に使用することができる。公共の用に供するための土地の収用の場合が典型である。また、規制等を行う場合であっても、一般的な制約の範囲を超え、特定の財産権者に対して受忍すべき限度を超えた特別の犠牲を課すときには、憲法上補償を要する。これに対し、危険な事態を防止する目的で、その危険な事態の原因となっている物を廃棄するといった場合には、その物に内在する制限であって、所有者が損害を当然受忍すべきものと考えられるから、補償をしないでも違憲とはならない。なお、憲法上補償を要するにもかかわらず法律で補償の規定がない場合には、損害を受けた者は、この憲法の規定に基づいて、国などに対して補償を請求することができるものとされている。[3]

（1）　条例は、憲法の認める地方自治体の自主立法であるから、これによっても財産権を制限できる（第98問参照）。実際に法律・条例で財産権の制限を定めたものは極めて多数にのぼっている。
（2）　判例は、立法府の広い裁量を認めつつ、合理的裁量の範囲を超えることが明らかな場合に限って違憲となるとしている。例えば、森林法で定める共有林の分割制度については、立法目的との関係において合理性と必要性がないことが明らかであるとして、違憲であるとされている（最高裁大法廷判決昭和六二年四月二二日）。
（3）　最高裁大法廷判決昭和四三年一一月二七日。したがって、補償の規定がなくてもその法律は違憲とはならない。

第56問　生存権とは、どのような権利か。

〔関係条文〕二五条

一　憲法は、「すべて国民は、健康で文化的な最低限度の生活を営む権利を有する」と定め（二五条一項）、さらに、「国は、すべての生活部面について、社会福祉、社会保障及び公衆衛生の向上及び増進に努めなければならない」と規定している（同条二項）。この規定は、国家のあり方について、国民生活への国の関与を必要最小限度のものとするのではなく、国民生活・福祉のために積極的に社会・経済事象に国が介入するという積極国家（社会国家）の理念に立つことを明らかにし、「健康で文化的な最低限度の生活を営む」ことを国民の「権利（生存権）」として保障することとしたものである。このような権利の保障は、個人の尊重・人間の尊厳の確保のためには、単なる形式的な自由・平等の保障だけでは不十分であるという考えに基づいている。

二　生存権は、これまでに述べてきた各種の人権、特に自由権とはその権利としての性格を異にしている。まず、自由権が国家権力の侵害を防ぐ権利であるのに対し、生存権は国家に対して一定の行為を行うことを求めることを本質とするものである。その意味で、生存権は、国家に先立つ人権とはいえない。また、自由権については、国が侵害を行った場合には、国民は裁判所における救済を受けることができるが、生存権については、仮に国が「健康で文化的な最低限度の生活を営む」十分な施策を講じていなくとも、国民が裁判所に対して訴え、その救済を求めることはできない[1]。判例も、この規定が、直接個々の国民に対して具体的権利を付与したものではないとしている[2]。

三　しかし、裁判所での救済の対象とならないからといって、このような権利の規定の意味がなくなることにはならない。まず、これにより、国は、国民が「健康で文化的な最低限度の生活を営む」ことができるようにする施策を講ずる義務を負うことになる。この義務（国民の権利）の実現は、裁判所ではなく、政治的な意思決定の場を通じて追求される。この憲法の規定を受けて、生活保護法などの多くの法律が制定され、この権利が具現化されている[3]。なお、立法も憲法の規定に適合したものでなければならないことは当然であるが、財政事情等を含めた政策的判断が必要であるところから、立法府の広い裁量が認められている[4]。

また、国がこのような施策を講ずるためには、国民の営業の自由、財産権などの経済的な自由を制限することが必要となるのであって、この規定は、国民経済の健全な発展の確保、国民生活の安定などの多くの社会・経済上の政策目的のために、それらの権利を制限することの根拠となっている[5]。

（1）国の施策には、予算・法律を要するのであって、裁判所が生存権確保のために新たな施策を講ずるように命ずることは、憲法の三権分立の趣旨に反する。
（2）最高裁大法廷判決昭和四二年五月二四日・朝日訴訟事件。
（3）法律の規定によって具体化された権利については、裁判所での救済の対象となる。
（4）最高裁大法廷判決昭和五七年七月七日・堀木訴訟事件。
（5）第54問及び第55問参照。

第57問　生存権的基本権として、どのような権利があるか。

〔関係条文〕二六条、二七条

一　憲法は、生存権として、健康で文化的な最低限度の生活を営む権利を国民に保障している。この「健康で文化的な最低限度の生活」とは、極めて抽象的な概念であって、具体的な内容は、その時々における文化の発達の程度、経済的・社会的諸状況、一般国民の生活状況等に応じて変わるものであり、一定不変のものではない。このため、これを具体化することについて広い立法裁量が認められると同時に、その社会状況に応じた種々の「権利」がこの生存権を根拠として主張されている(1)。

また、憲法は、生存権に加えて、教育を受ける権利、勤労の権利、勤労者の団結権・団体交渉権・団体行動権を保障している。これらの権利は、いずれも生存権と同様に、社会的・経済的な弱者を保護し、人間が人間らしく生きることを可能とすることを目的として、国に対して積極的な施策を講ずるように求める権利であり、憲法自体で生存権を具体化したものといえる。これらをあわせて生存権的基本権又は社会権的基本権という。

二　教育を受けることは、人間の人格の形成・能力の育成の上で重要なことである。このため、憲法は教育の機会均等とともに、国民の教育を受ける権利を保障し、さらに、義務教育を無償とすることを定めている（二六条）。これにより、国は、教育施設を設け、国民に利用させる義務を負う。教育に関する基本的事項は、法律によって定められるものとされている。なお、国は教育の施設等の外的条件を整備するだけで、教育の内容・方針について介入できないとする主張が一部でなされているが、国は、教育内容に対しても、正当な理由に基づく合理的決定権を有する。(2)

三　国民の生活は、各人の勤労によって維持されるのが通常である。このため、憲法は勤労の権利を規定している（二七条一項）。これは、労働の意思と能力を有する者が国家に対して労働の機会の提供を要求する権利であるが、他の生存権的基本権と同様に、具体的権利ではなく、国に国民に対する労働の機会又はこれに代わる保障の提供の義務を課したものである。この規定を受けて、職業安定法、雇用保険法等が制定されるとともに、雇用機会の拡大のための各種の施設が講じられている。次に、憲法は、賃金、就業時間、休息その他の勤労条件は法律で定めることを規定している（同条二項）。これは、使用者と勤労者（使用者に雇われ、労働の対価として賃金等の報酬を受け、それによって生活する者）の間の力の差から、勤労条件を私人間の自由な契約に委ねたのでは、立場の弱い勤労者が不利になるので、国として積極的にこれに介入し、一定の条件よりも勤労者が不利になることを禁止するものである。これを受けて、労働基準法などが制定されている。児童を酷使してはならないことについては、別に明文の規定が置かれている（同条三項）。また、勤労者が使用者と対等に交渉を行うことができるようにするため、団結権・団体交渉権・団体行動権が保障されている（二八条）。

（1）　例えば、「環境権」として、良い自然環境を維持することを国に求める主張がなされている。
（2）　最高裁大法廷判決昭和五一年五月二一日・旭川学テ事件参照。もとより、誤った知識を植えつけることを強要することなどは許されない。

第58問　労働基本権にはどのような限界があるか。

〔関係条文〕二八条

一　憲法二八条は、勤労者に、団結権・団体交渉権・団体行動権（争議権）を保障している。これらの権利を、労働基本権又は労働三権という。労働基本権は、勤労者の生存権の保障、すなわち経済的に弱い立場にある勤労者が人間たるにふさわしい生活をできることを基本理念とし、使用者との間で勤労者が実質的に対等の交渉を行うことを可能にするための手段として認められたものである。具体的には、団結権とは勤労者がその労働条件を維持・改善するために労働組合を組織する権利、団体交渉権とは勤労者の団体（労働組合）がその代表者を通じて使用者と労働条件について交渉する権利、団体行動権とは団体交渉を有利に行うためにストライキ等を行う権利を意味する。この憲法の規定を受けて、労働組合法等が制定され、権利保障の具体化・実効化が図られている。また、この規定は、国に立法の責務を負わせるだけでなく、国などがこの権利を侵害することを禁止したものである。したがって、正当な争議行為について刑事処分を科することはこれに反することになる(1)。

二　これらの労働基本権も、公共の福祉の上での制約を受ける。交渉等において、相手方の生命・身体に危険を及ぼしたり、暴力を伴う場合には、「正当な行為」ではなく、刑事上・民事上の免責を受けないことは当然である。その他の場合には、国民の平等権・自由権・財産権などの他の基本的人権との調和が求められることになる。権利者の意思を排して、企業経営の権能を組合が行ういわゆる生産管理は、この法の求める調和を破るものであって許されない。[2]また、団体行動権は団体交渉を成功させるためのものであるから、使用者との団体交渉と無関係な団体行動（例えば政治目的のスト）は、本来この権利の対象とはならない。[3]

三　公務員については、現行法上、労働基本権に関して広汎な制限が設けられ、警察職員などは労働三権のすべてが、一般の公務員は団体協約締結権と争議権が、地方公営企業に勤務する公務員などは争議権が、それぞれ法律で否定され、また、一定の場合には刑罰規定も設けられているが、公務員の憲法上の立場、国民全体の共同利益の保障の必要等から、憲法に違反するものではないと解されている。[4]また、私企業であっても、公益性の大きい業務については、一定の争議行為が禁止・制限されているが、[5]これも、その業務の公益性に基づく内在的な制約であって、憲法に違反するものではない。

（1）　労働組合法が正当な争議行為の刑事免責を定めたのは、これを確認したものである。

（2）　最高裁大法廷判決昭和二五年一一月一五日・山田鋼業所事件。生産管理の際の会社製品の搬出行為は、窃盗罪を構成する。

（3）　労働組合が政治的意見を表明し、デモ等を行うのは、表現の自由の問題である。

（4）　第70問参照。

（5）　電気の正常な供給に直接に障害を生じさせる争議行為及び石炭鉱業の保安業務の正常な運営を停廃する争議行為が禁止され、運輸、郵便、電気通信、水道、電気・ガス供給、医療等の公益事業については、争議行為の一〇日前までに通知すべきことなどの義務が法律で課せられている。

第59問　受益権とは何か。

〔関係条文〕一七条、三二条、四〇条

一　憲法の規定する種々の人権のうち、国家に対して国民が一定の行為を請求するものを受益権（又は国務請求権）という。国又は公共団体に対する賠償請求権、裁判を受ける権利及び刑事補償請求権は、いずれも個人の権利の保護を国家に請求するものであって、この受益権に属する。また、請願権も、国又は公共団体に種々の要望を行う権利であって、受益権としての性格を有する。これに対し、生存権などの社会的権利は、国に対して積極的な行為を求めるものではあるが、社会的弱者の保護等のための種々の施策を求めるものであって、伝統的な受益権とはその性格を異にしている。以下では、国家賠償請求権等の典型的受益権について述べる。

二　国民は、公務員の不法行為によって損害を受けた場合には、法律の定めるところにより、国又は公共団体にその賠償を求める権利（国家賠償請求権）を有する（一七条）。この憲法の規定は、明治憲法下において、国の違法な公権力行使によって損害が生じた場合でも国は賠償請求を負わないとされていたことを改め、被害者の救済を十分に行おうとするものである。この憲法の規定に基づいて、国家賠償法が制定されている。なお、憲法では「何人も」と規定しているが、これは、すべての外国人についてまでこの権利を認めたものではない。国家賠償法では、相互保証のある国（日本人がその国で公務員の行為によって損害を受けた場合に国家賠償を請求できる国）の者に限ってこの権利を認めている。

三　憲法は、「何人も、裁判所において裁判を受ける権利を奪われない」と規定している（三二条）。この裁判を受ける権利は、民事事件・行政事件において公正な立場にある裁判所に訴訟を提起して裁判を求める権利と、刑事事件においてそのような裁判所による裁判によらなければ刑罰を科せられない権利とを意味している。憲法は、「裁判の対審及び判決は、公開法廷で」行うとしている（八二条）から、国民は、公開の法廷で自らの主張を行い、判決を受ける権利を有することとなる。

憲法は、また、刑事手続で身体の拘束を受け、その後に無罪の判決を受けた者に、国家補償を請求する権利（刑事補償請求権）を認めている（四〇条）。これは、相当の嫌疑のある者を逮捕・起訴することは、必要かつ適法なものであり、その後の裁判で無罪となったとしても、それまでの国などの行為が違法となるものではないが、身体の拘束を受けて起訴された者が多大な犠牲を受けているところから、それを放置すべきではないとして設けられたものである。憲法のこの規定を受けて刑事補償法が制定され、その権利が具体化されている。なお、逮捕・勾留された後に不起訴となった者については、この対象とはならないが、行政上の措置として国が補償を行うとする制度が設けられている[(1)]。

（1）　被疑者補償規程（法務大臣訓令）に基づき、罪を犯さなかったと認めるに足りる十分な理由がある者について、一定の補償が行われている。

第60問　裁判を受ける権利の性格は何か。

〔関係条文〕三二条

一　憲法は、「何人も、裁判所において裁判を受ける権利を奪はれない」と規定し（三二条）、裁判を受ける権利を保障している。これは、国民の公法上の権利及び私法上の権利を守り、法の支配を実現するためには、国民がその権利を侵害されたときに、政治上の権力等から独立した公正な立場にある裁判所において裁判を受けることが極めて重要であることから、すべての者に裁判を受ける権利を保障した（その反面で国は裁判を拒絶することができないこととした）ものである。

このように、裁判を受ける権利は、国に一定の行為（裁判）をするように請求することのできる権利であって、受益権（国務請求権）に属する。

二　裁判を受ける権利は、まず、民事事件・行政事件について、憲法により司法権を行使すべきものとされる裁判所に、訴訟を提起し、裁判を求めることができることを意味する。この「裁判所」とは、「最高裁判所及び法律の定めるところにより設置する下級裁判所」（七六条一項）をさす[1]。行政機関が審判等を行うこと自体は憲法に違反しないが、その判断に不服のある者に対しては、裁判を受ける途が必ずひらかれていなければならない。各種の行政処分によって被害を受けた国民が、その処分の取消し等を裁判所に求めることができることは当然である。また、憲法は「裁判の対審及び判決は、公開法廷でこれを行ふ」としている（八二条一項）から、国民は、公開の法廷で対審及び判決を受ける権利を有することとなる。[2]

この権利は、法令の適用によって解決される権利・義務に関する当事者間の具体的争い（訴訟事件）について、裁判所の判断（裁判）を受ける権利である。したがって、当事者間に法令の適用で解決される権利・義務に関する具体的争いがあるとはいえない場合、例えば、直接自分に関係ない他人に対する処分について訴えたときや、絵画の美しさの比較の争いといった法令の適用で解決されないことについて訴えたときなどは、それらの訴えを却下してもこの権利の保障に反することにはならない。なお、出訴期間（訴えを提起できる期間）を制限することは、その期間が著しく不合理で実質的に裁判の拒否になるような場合でない限り、この権利を侵害することにはならない。

三　裁判を受ける権利は、刑事事件については、憲法上の裁判所（司法権を行使すべきこととされている裁判所）における裁判によらない限り、刑事罰を科せられないことを意味する。これは、刑事被告人の権利として、「公平な裁判所の迅速な公開裁判を受ける権利」が保障されている（三七条一項）ことと重なりあうものである。なお、この規定が、刑事事件の被害者等に、訴追をする権利を与えたもの（被害者訴追主義を保障したもの）でないことはもちろんである。[3]

（1）　下級裁判所として、高等裁判所、地方裁判所、家庭裁判所及び簡易裁判所が法律により設置されている。

（2）　訴訟で対立する当事者が、裁判官の面前で主張を述べることをいう。民事訴訟の「口頭弁論」、刑事訴訟の「公判手続」がこれに当たる。

（3）　被害者たる国民は、刑事訴訟法によって、告訴をする権利などを有するのにとどまる。

第61問　国家賠償と刑事補償との違いは何か。

〔関係条文〕一七条、四〇条

一　憲法は、公務員の不法行為によって損害を受けた者が、国又は公共団体に対して賠償を請求することができることを規定し（一七条）、他方で抑留又は拘禁された後に無罪の判決を受けた者が、国に補償を求めることができることを規定している（四〇条）。国家賠償も刑事補償も、国家が損害を受けた国民に対して金銭を支払う点では同じであるが、その性格は異なる。

二　まず、国家賠償は、国又は公共団体が[1]、その公務員が不法行為を行って国民に被害を与えた場合に、その被害に対する賠償を公務員に代わって行うものである。一般に、不法行為が行われた場合には、民法の規定により、その行為者等が賠償責任を負うこととなるが、この憲法の規定は、その不法行為制度を前提とした上で、公務員が国又は公共団体の機関として行った不法行為については、明治憲法下において国が責任を負わないとしてきたことを改め、また、その被害者の救済を十分なものとするために、国又は公共団体がその公務員に代わって責任を負うことを明らかにしたものである。したがって、公務員が法律に従って適法に公務を遂行した場合には、国家賠償制度の対象とはならない。これを受けて定められた国家賠償法においても、国又は公共団体の公権力の行使に当たる公務員が、その職務を行うについて、故意又は過失によって違法に他人に損害を加えた場合に、国又は公共団体が賠償の責に任ずることを明らかにしている。[2]

三　国民が損害を受けた場合でも、その原因となった公務員の行為が違法とされない場合には、国民は国家賠償を受けることはできない。警察官が被疑者を逮捕し、検察官が勾留を請求し、起訴することについても、それぞれの時点で必要とされる要件を満たしていれば、その事件が後で無罪となったとしても、違法な行為とはならないから、国家賠償の対象とはならない。しかし、刑事手続で身柄の拘束を受けることは、極めて重大な権利・自由の制限であり、犯人でない者を拘束したとすれば、それによる不利益を全く放置することは公平の見地から妥当でない。憲法は、このような見地から、抑留・拘禁（刑事訴訟法上の逮捕・勾留）を受けた者が無罪となった場合には、国がその補償（刑事補償）を行うこととしている。刑事補償は、刑事補償法の定めるところによって行われ、被害額とは関係なく、逮捕・勾留された日数に応じて一定額が支払われる。この制度の趣旨から、身代わり犯人の場合など、捜査を誤らせる目的で虚偽の申告等を行ったものについては、補償をしないことができることとされている。この刑事補償は、身柄の拘束を受けたことと裁判で無罪とされたことによって当然に請求し得るものであるが、その身柄の拘束等に関与した警察官、検察官等の行為が違法である場合には、この補償の他に、国家賠償を請求することができる。

（1）公権力を行使する団体として、法律により設置されたものをいう。具体的には、都道府県・市町村などの地方公共団体をさす。

（2）このほか、同法においては、道路等の営造物に瑕疵《かし》（何らかの欠陥。通常有しているべき安全性を欠いていること）があった場合にも国等が賠償を行う旨の規定が置かれている。

第62問　請願の受理を拒絶することができるか。

〔関係条文〕一六条

一　憲法は、あらゆる者に、平穏に請願する権利を保障している。この「請願」とは、国又は公共団体の機関に対し、その業務についての苦情や希望を陳述することを意味する。憲法は「損害の救済、公務員の罷免、法律、命令又は規則の制定、廃止又は改正」を列記しているが、これらはいずれも例示であって、国又は公共団体の活動に関するあらゆる事項について請願を行うことができる。(1)

請願権は、自らの権利救済等のために、国などに対して要望を行うものであり、かつ、それを受理することを請求することができるものであって、受益権に含まれる。しかし、請願権は、裁判を受ける権利等の場合とは異なり、国などに請願を受理する義務を負わせるだけで、審査して回答したり、何らかの措置を行ったりすることを義務付けるものではなく、権利性に乏しいものである。また、請願権は、受益権であると同時に、政治的な意見、主張を伝えるものとして、参政権的な性格をも有している。今日では、選挙権の行使などのより権利性の高い手段が他に存在してはいるが、国民等の声を国政に反映させる上で、この請願権は、なお一定の意義を有するものといえる。なお、請願権は、選挙権とは異なり、国の意思の決定に直接参加するものではないから、外国人あるいは法人にも認められる。

二　請願権の行使の手続等については、請願法に規定されている。(2)(3)同法は、請願の手続として、請願者の氏名及び住所を記載し、文書でしなければならないとし、他方で、この法律に適合する請願については、官公署（行政機関）において、これを受理し、誠実に処理しなければならないものとして、受理義務及び誠実処理義務を行政機関に課している。もとより、行政機関としては、あくまで請願として「誠実に処理する」義務を負うのであって、その内容を審理し、その要求に応える義務を負うものではなく、そのような請願があったことを前提として、正当な職務を行うことで足りる。なお、同法では、文書の形式等を制限していないから、氏名及び住所を記載した文書であって、官公署を提出先とし、かつ、請願としての内容を備えたものであれば、請願書である旨を明示していないものであっても、請願として扱わなければならない。

三　憲法は請願権の行使が平穏になされることを求めているから、暴力の行使や脅迫を伴うときなど平穏な態様によらない場合には、形式的に請願法の要件を満たしていたとしても、正当な請願権の行使には当たらないものとして、その受理を拒むことができる。

憲法は、この請願権の行使に関し、請願をしたためにいかなる差別待遇も受けないことを規定している。これは、請願を行ったものが、不利益を受けないこととして、請願権の行使を実質的に保障しようとするものである。

（1）請願の対象には例外がない。天皇の行為あるいは司法権の行使に関しても可能である。
（2）国会及び地方議会に対する請願については、国会法等によって、議員の紹介が要件とされている。
（3）警察法の定める公安委員会に対する苦情の申出は、請願の一種であるが、同法により、誠実処理義務に加えて、結果通知が義務付けられている。刑事収容施設法に基づく苦情の申出も同じである。

第63問　参政権とは何か。

〔関係条文〕一五条、七九条、九六条

一　参政権とは、国民が代表者の選挙等を通じて国政（国家意思の形成）に参加する権利である。国政に対して積極的に関与しようとするものであるところから、能動的権利ともいわれる。この権利は、国政が国民の信託によるものであって、国民の、国民による、国民のためのものでなければならないという民主制・国民主権の原理から、当然に導かれる権利であるといえる。(1)

参政権には、選挙等による公務員の選定・罷免と、憲法改正等において国民投票を行う権利とがある。これらの投票等の行為を行うことは、いずれも有権者団という国家機関の構成員としての国民の行為であるが、それと同時に、個々の国民の側からすれば、参政権の行使としての意味を有している。参政権は、国民のみが有するものであって、権利の性質上、外国人はこの権利を持たない。国民であっても、選挙権等の行使ができないものがあるが、それは、一八歳未満の者、禁錮以上の刑に処せられている者など、合理的理由のある一定の範囲の者に限られる。

二　憲法は、公務員の選定・罷免を行うことが国民固有の権利であることを規定し（一五条一項）、すべての公務員の地位が主権者としての国民の意思によるものであることを明らかにしている。国民は、国会議員を選挙する権利を有し、選挙され得る資格（被選挙権）を有する（四四条）。この権利は、国民が国政における代表者を選任するものであって、間接民主制の上で最も重要な権利である。また、国民は、それぞれの地方公共団体の長、議会の議員等を選挙する権利を有する（九三条）。これらの選挙に関しては、成年者による普通選挙が保障されること、投票の秘密を侵してはならないこと、選挙人がその選択について公的にも私的にも責任を問われないことが、特に規定されている（一五条三項、四項）。裁判所に関しては、国民からみれば極めて間接的な選任関係があるのにとどまることから、最高裁判所の裁判官について、その任命後に国民が審査[2]し、罷免を可とするものが過半数である場合にはその裁判官が罷免されるという制度が設けられている（七九条二項、三項）。

この他、国民が公職につく資格を有することも、参政権に関連するものとしての意味を有している。

三　憲法は、間接民主制を採り、国民の代表者によって国政が行われることを基本としているが、憲法改正については、その重要性から、国民が直接投票して決することとされている（国会が発議したものについて、国民の過半数の賛成があった場合に限って憲法改正が行われる。）。また、一つの地方公共団体のみに適用される特別法については、その住民投票において、過半数の同意を受けるべきものとされている（九五条）。これらの投票を行うことも、参政権の重要な一部を占めている。

（1）この理念を踏まえて、情報公開制度が設けられている。

（2）任命後はじめて行われる衆議院議員の総選挙（及びそれから一〇年を経過した後に行われる最初の総選挙）に際して、この投票が行われる。

第64問　選挙に関して、憲法はどのような規定を置いているか。

〔関係条文〕一五条、四四条、九三条

一　国民が、公務員特に自らの代表者である国会議員を選挙することは、民主主義の最も重要な基礎である。憲法は、まず、「公務員を選挙し、及びこれを罷免することは、国民固有の権利である」と規定し（一五条一項）、選挙権が国民の基本的人権に属するものであることを明らかにした上で、国会議員、地方公共団体の長・議員についての選挙権を国民（住民）に具体的に保障している（四四条、九三条）。また、これらの公職に立候補する自由も、直接の規定はないが、選挙権の行使と表裏一体のものとして保障されていると解されている。(1)

二　選挙においては、国民（有権者）が平等であることが強く求められる。憲法は、「公務員の選挙については、成年者による普通選挙を保障する」ことを定めている（一五条三項）。この「普通選挙」とは、選挙人の資格を、財産、納税額等で制限することなく、すべての成年者に与えることを意味する。国会議員の場合には、国民全体の代表者であり、その平等が極めて重要であるところから、憲法で、議員及びその選挙人の資格は、法律で定めるとしつつ、「人種、信条、性別、社会的身分、門地、教育、財産又は収入によって差別してはならない」ことが特に規定されている（四四条）。これを受けて、公職選挙法は、年齢の制限のほかは、受刑者、選挙犯罪で執行猶予中の者などに限って選挙権等を否定している[2]。選挙における平等に関しては、各選挙区の間の議員定数の不均衡も問題とされている。判例は、各選挙区間の投票の価値の平等も憲法が要求しているものであることを明言し、不均衡が合理性を欠いていると認められるときには、これを違憲であるとしている[3]。

三　選挙は、自由かつ公正に行われることが強く求められる。このため秘密投票が保障されている（一五条四項）。投票した者は、どのような場合でも、誰に投票したのかを言う義務を負わない。また、憲法は、その者の投票における選択について、公の機関からも私人からも責任を問われないことを定めている（一五条四項）。このほか、国会議員の選挙については、「選挙区、投票の方法その他両議院の議員の選挙に関する事項は、法律で定める」とされ（四七条）、これを受けた公職選挙法において、事前運動の禁止、戸別訪問の禁止、文書図画の制限等の種々の規制がなされている。これらは、一面では表現の自由の強い制限ではあるが、判例上、選挙の公正を保持するための必要な制限であって、合憲であるとされている。

（1）　最高裁大法廷判決昭和四三年一二月四日・三井美唄労組事件。

（2）　日本に居住していない者にも投票を認めなければならない（最高裁大法廷判決平成一七年九月一四日は、在外投票を認めていなかったことを違憲とした。）。

（3）　最高裁は、平成期には判断を厳しいものに改め、衆議院の平成二一年以降の選挙では最大格差が二倍を超えるものは違憲状態としている。参議院については、平成二二年選挙（最大格差五倍）ではじめて違憲状態であるとし、都道府県単位の見直しを求めた（平成二七年に一部で複数の県を選挙区とする法改正が行われ、翌年の選挙では最大格差が三・一倍に縮小している。）。

第65問　法の下の平等とは何か。

〔関係条文〕一四条

一　憲法は、国民が法の下に平等であり、人種、信条、性別、社会的身分又は門地（家柄）によって、政治的・経済的・社会的に差別されないことを規定している（一四条一項）。これは、人間の平等、つまり人間がその価値において平等であるという基本的理念に立ち、すべての国民が法の前では平等に扱われなければならないとしたものである。一部の者に対して不利益を加えることはもとより、特定の者に各種の特権・利益を与えることもこの原則に反する[1]。憲法は、法の下の平等を国民の権利として保障し、国家に対して、法の適用の場合にも、また法を制定する場合においても、国民を差別してはならないという義務を課しているのである。なお、私人間における問題については、この規定が直接適用されることにはならないが、憲法自体が家族生活における両性の平等を定めている（二四条）ほか、この憲法の精神を受けて、雇用関係等における差別を禁止する立法が行われ、男女別定年制等の民法上の契約も公序良俗に反し無効となるものとされている。

二　法の下の平等は、あらゆる区別を絶対的に禁止したものではない。国民の間には様々な客観的な差異があるのであって、法律上これを全く無視し、あらゆる国民を同一に扱うことは元々不可能である。例えば、成人と少年とでは、その精神的・身体的な差異があり、刑事手続や参政権の付与等でそれを全く同様に扱うことはかえって不合理を生ずる。また、試験に合格したものに限って自動車の運転や医師になるのを認めるなど、ある行為又は職業について、一定の資格・能力を有する者に限ることも多くの場合に必要となる。このような客観的な差異を考慮して、法律を制定し、運用することがすべて憲法の定める法の下の平等に反するということにはならない。憲法は、「合理的な差別」を許容し、不合理な差別を禁止しているのである。

三　事実上の差異に基づく差別であっても、人間の価値の平等という基本的理念に反するものが認められないことはいうまでもない。特に、憲法が列挙した人種、信条、性別等については、不合理で許されない差別を生む典型的なものと考えられているのであるから、これらによる差別は、特に正当な理由がある場合を除き原則として許されない。これに対し、それ以外の事由に基づく差別については、それぞれの問題ごとに、その差別取扱いの目的が正当であるか、その差別の態様、程度が社会通念上許容されるものか等によって判断されることになる。法令が憲法違反とされた最初は、刑法の尊属殺人罪の規定であった。(2) その後も、社会意識の変化を背景に、相続における嫡出子と非嫡出子の差などが、平等違反とされている。これに対し、前科のある者に刑を加重すること、租税法において種々の減免措置を設けていることなどについては、いずれも合理的なものであって、合憲であるとされている。

(1)　貴族制度の廃止、栄典における特権禁止と世襲の禁止が憲法で定められている。なお、皇室制度は天皇制に対応したものとして憲法自体が定めた例外である。
(2)　最高裁大法廷判決昭和四八年四月四日。

第66問　外国人であることを理由に警察官に採用しないことは、平等原則に反しないか。

〔関係条文〕一四条

一　憲法は、国民に対して、法の下の平等を保障している。この平等原則は、公務員の採用の場合にも当然にあてはまるのであって、国及び地方公共団体が、公務員の採用に当たって差別を行うことは許されない。公務員への採用において差別することは、憲法一四条の「政治的差別」に当たる。国家公務員法及び地方公務員法もこれを受けて、人種、信条、性別、社会的身分、門地又は政治的意見・政治的所属関係（ただし、日本国憲法又はその下に成立した政府を暴力で破壊することを主張する政党等の場合を除く。）[1]によって差別されないこと、採用等が能力の実証に基づいて行われること、受験の資格要件は官職に応じた必要最小限の客観的・画一的なものに限られること等を定めている。

二　これらの平等原則は、外国人に直ちに当てはまることにはならない。一般的には、外国人でも、権利性質によって除外されるものを除き、憲法上の基本的人権を持ち得る（第14問参照）。しかし、この平等権については、憲法の文言上も「国民」の権利とされていること、人種が例示に挙げられているのに対し「国籍」が挙げられていないこと及び今日の世界において外国人が国民と同視されてはいないことから、外国人に直接認められるものではなく、人間の平等というより普遍的な原理からみて、この平等を定めた規定の趣旨が特段の事情がない限り類推されるというのにとどまる。

他方、公務員は全体の奉仕者であり、公権力の行使を行い、あるいは国家意思の形成や重要な施策の決定を行い若しくは参画することは、実質的な参政権の行使としての性格を有する。このため、これらの公権力行使等公務員には、原則として日本国籍を有するもののみが就任することが想定されている。(2) したがって、警察官に外国人を採用しないことは、平等原則に反しない。

三　これに対し、公権力行使等公務員以外であれば外国人を任命することができる。警察署協議会委員に外国人を任命することは可能である。外国人を常勤職員に任命し、管理職にすることも可能であるが、管理職につき一律に外国人を排除する制度を作っても違法ではないとされている。(3) なお、外国人が帰化によって日本国籍を取得した場合には、他の日本人と全く平等な立場になるのであって、警察官の採用対象から除外したり、管理職にさせないといった措置を講ずることは許されない。

（1）このような団体を結成し、あるいはこれに加入した者は、公務員の資格を失う（採用されない。また、採用後であれば失職する。）。もとより、これは、公務員の地位によって生ずる制約であって、政治活動の自由に反するものではない。
（2）個別の職（国会議員など憲法に規定されている職を除く。）について、法律を定めて、外国人を任命可能にすることは可能と解される。
（3）最高裁大法廷判決平成一七年一月二六日。

第67問　国民は、憲法上どのような義務を負うか。

〔関係条文〕一二条、二六条、二七条、三〇条

一　国民は、国家の構成員として、法令によって課せられた義務を負う。このため、国民の義務については、憲法で特に規定する必要はなく、法律において定めれば足りると考えられている。現行憲法は国民の特に重要と考えられる義務及び国民の権利と密接に関連する義務について規定を設けているが、それらは、主に基本的な考え方を示したものであって、具体的な法的義務を国民に課すものではない。

二　憲法は、国民の義務として、教育を受けさせる義務、勤労の義務及び納税の義務を規定している。まず、憲法は、「すべて国民は、法律の定めるところにより、その保護する子女に普通教育を受けさせる義務を負」うことを規定している（二六条二項）。これは、国民の教育を受ける権利と対応したものであって、子供に教育を受けさせるのが保護者の義務であることを明らかにしたものである。この義務は形式的には保護者が国家に対して負うことになるが、実質的には、その保護する子供のために負うものといえる。この規定を受けた法律（学校教育法）によって、保護者は、一定の学校（基本的には小中学校）に子供を就学させる義務を負うものとされている。

憲法は、国民が勤労の義務を負うことを定めている（二七条一項）。この「義務」は、「勤労の権利」

と対になるものとして、勤労の能力のある者は自らの勤労によって生活を維持すべきものであるという建前を意味する。この「義務」を根拠に国民に勤労を強制することは許されない。この「義務」の規定は、国民の勤労に対する心構えを示すという意味を持つだけではなく、労働の能力を有するものが労働の意志がないために生活に困窮している場合には、この「義務」を果たさないことを理由に、国として生活の保障のための措置をとらないという考え方の根拠としての意義を有している。また、憲法は、「国民は、法律の定めるところにより、納税の義務を負う」ことを定めている（三〇条）。国民が税金を納めることで国政が運営されるのであるから、この義務を国民が負うことは当然である。

三　これらのほか、憲法では、憲法が定める自由及び権利について、不断の努力によって保持しなければならないこと、濫用（乱用）してはならず、公共の福祉のために利用する責任があることを定めている（一二条）。基本的人権を適正に行使する責任が国民にあることを定めたものであって、他の「義務」とは性格を異にするが、基本的人権も絶対のものではなく、その権利に内在する制約を受けることを根拠付けるものといえる。

なお、他の国の憲法では、国民の義務として、兵役に就くことを定めている例があるが、日本国憲法では定められていない。徴兵制は、意に反する苦役に当たるとするのが政府の見解である。

第68問　公務員は憲法上どのような地位にあるのか。

〔関係条文〕一五条

一　憲法は、「公務員を選定し、及びこれを罷免することは、国民固有の権利である」ことを規定している（一五条一項）。これは、国の行政機関の職員だけでなく、立法・司法に従事する者や、地方公共団体の職員を含むすべての公務員の地位が、究極的には主権者である国民の意思によるとするものである。すべての公務員は、国民の意思に基づいてその地位、権限を与えられているのであるから、国民の意思に従い、国民のためにその職務を遂行しなければならない。この規定は、現実の公務員がすべて選挙によって選任されるべきとしたものではない。国会議員、地方公共団体の長・議会の議員などが国民（住民）によって直接選任されることは憲法で規定されているが、それ以外の公務員については、法律等に基づいて、それらの者から直接又は間接に選任されることで足りる[1]。

二　公務員は、全体の奉仕者であって、一部の奉仕者ではない（一五条二項）。これは、公務員が、国民全体のために職務を行うべきものであって、国民の中の一部のために職務を行ってはならないことを明らかにしたものである。公務員が自らの利益のために職務を利用することができないことはいうまでもない。公務員のうち、国民（住民）の代表者として、国民（住民）の意思が何であるかを明らかにすることを任務とする者（国会議員、地方自治体の議員等の政治的公務員）の場合には、全体の奉仕者としての立場と政治的行動が矛盾することにはならない。これに対し、それ以外の一般の公務員の場合には、法律、予算等の形で明らかにされた国民（住民）の意思に従い、それを忠実に執行することが国民全体の奉仕者としての役割であるから、特定の政党・社会勢力などの利益・幸福のために奉仕することは許されない。

三　一般の公務員に関しては、国家公務員法（地方公務員の場合には地方公務員法及び条例）等によって、任免、服務等に関する定めが置かれ、全体の奉仕者としての立場から、任命が能力本位で行われ、社会的身分等によって差別されないこと、政治活動等が一定の範囲で制限されること、争議行為が禁止されること、職務に専念し、秘密を保持する義務を負うことなどが規定されている。(2) この結果、公務員の基本的人権が一般国民に比べて広く制限されることになるが、そのような制限は、公務の中立性の確保、公共の利益の保護等のために必要不可欠である限り、憲法に反することにはならない。

公務員に関しては、このほか、憲法を尊重し、擁護する義務を負うことが憲法上特に規定されている（九九条）。

（1）　都道府県警察の警察官についてこれをみると、国民↓国会（議員）↓内閣（総理大臣）↓国家公安委員会（委員）↓警視総監・道府県警察本部長↓警察官という選任関係がある。これに対し、国民の意思と間接的にも全く関係なしに、公務員が選任されるという制度を設けることはできない。

（2）　公務員関係については、戦前は「特別権力関係」として法律の対象外とされていたが、現行憲法の下では、法律によって規律すべきものとされている（七三条四号参照）。

第69条　公務員の政治的活動を制限する理由は何か。

〔関係条文〕一五条、二一条

一　公務員も、一人の個人として、憲法で定められた基本的人権を有する。政治的意見の表明等の表現の自由は、民主主義の基盤をなすものであって、国民の基本的人権のうちでも特に重要なものであるから、公務員であるからというだけの理由で、その自由を全面的に禁止することは許されない。

しかし、同時に、公務員の場合には、国民の代表者による政治過程を経て決定された政策を忠実に遂行すべき立場にあることから、その職務の遂行において政治的に中立でなければならず、また、公務が政治的に中立に行われるということへの国民の信頼を損なうことがないようにすることが必要となる。このため、そのような公務員の職務の遂行の政治的中立性を現実的に損なうおそれのある行為のみを禁止することは、合理的にやむをえない限度であれば、憲法上認められることになる。

二　国家公務員については、法律により、政党又は政治的目的のために寄付金その他の利益を求めることなどや、人事院規則で定める一定の政治的行為[1]を行うことが禁止され、地方公務員についても一部の政治的行為[2]が禁止されている。人事院規則による制限は、公務員の職務の遂行の政治的中立を損なうおそれが実質的に認められる範囲に限って禁止しているものと解されている。これに該当するかどうかは、公務員の地位・職務の内容・権限等と、政治的行為の性質・態様・目的・内容等を総合して判断される。管理者的地位になく、職務の内容に裁量の余地のない者が、単に政党の機関紙を郵便受けに配る行為（職員団体の行為でもなく、相手に公務員であることも分からない状態で配布する行為）は、規制対象とはならない。これに対し、同様の行為でも、課内の総合調整等を行う管理職員の地位にある者が行ったときは、公務員及びその属する組織の職務の政治的中立性を損なうおそれが実質的に生ずるので、規制対象となる。公務員によって組織される職員団体の活動として行われるときも同様となる。

三　国家公務員の場合には、政治活動の制限違反は刑事罰の対象とされている（地方公務員の場合には刑事罰の対象とされていない。）。政治的行為の制限は合理的で正当な目的であり、禁止されるのは二で述べた範囲に限定されるものであって、処罰は必要かつ合理的なものであるから、刑罰規定が憲法二一条、三一条等に反するものとはならない(3)。

（1）　人事院規則により、政治的目的（公職の候補者の支持・反対、政党・政治団体の支持・反対など）のために公私の影響力の行使などを行うこと、政党等の結成に参画し、役員となること、選挙において投票する（しない）ように勧誘すること、政治的目的をもって示威運動を企画・組織・指導すること、集会で拡声機を利用して公に政治的目的を有する意見を述べること、政治的目的を有する文書を発行・掲示・配付することなどが、禁止される「政治的行為」とされている。

（2）　国の場合よりも、禁止される政治的行為の範囲は狭く、単なる文書の発行等は禁止の対象とならない。

（3）　二及び三の内容は、最高裁判決平成二四年一二月七日・堀越事件（管理職員の地位にある者については同日の宇治橋事件）で明らかにされている。

第70問　公務員の争議行為をあおった者を、無条件に処罰することができるか。

〔関係条文〕一五条、二八条

一　憲法は、勤労者の団結権と、団体交渉その他の団体行動を行う権利を保障している（二八条）。公務員も、対価を得て労務を提供するものであり、憲法上の「勤労者」として労働基本権を有する。しかし、公務員は、公共の利益のために勤務するものであり、一般の労働者とは異なる立場にある。争議行為がなされれば、その職務の公益性から、国民生活全体に影響を与えるのであって、争議権を一般の労働者のように認めることができないのは当然である。例えば、警察官のストライキを認めたとすれば、正常な国民生活を行うことが全く不可能になるのは明らかであろう。また、労働基本権は勤労条件の改善等を図る手段として認められているものであるが、公務員については、その勤労条件の改善のためには、立法、予算措置を必要とするのであって、団体交渉によって決することはできない。このため、現行法上すべての公務員について争議行為が禁止されている(1)。

二　公務員は、争議行為が禁止され、さらに、国家公務員法・地方公務員法において、その争議行為を企て、あおり、そそのかした者について、刑事罰を科する規定が設けられている。争議行為については、公務の停廃をもたらし、国民全体の共同利益に重大な影響を及ぼすおそれがあること、公務員の勤労条件を労使で決めることができない以上、労使交渉の手段として争議行為を行う権利を保障する必要がないこと、人事院勧告制度など争議権の禁止の代償措置が設けられていることなどから、これを禁止することは憲法に違反しないし、そのような違法な争議行為に原動力を与える行為を行った者を処罰することも、十分合理性がある。

三　判例は、過去において一時的に、そのような争議行為のあおり行為等を一律に処罰することは憲法上許されないとし、違法性の強い争議行為のあおり等に限って処罰されるとする解釈（限定解釈）を採ったことがある。(2)しかし、前記のように、職務の公共性、勤労条件の法定制等からみれば、現行法の規制は、合理的なものであって何ら憲法に反するものではない。また、限定解釈を採ること自体が、解釈の限界を超え、犯罪構成要件の明確性を害するものであって、憲法三一条の上からも問題がある。このため、その後において判例が変更され、違法な争議行為のあおり等の行為を行った者が当然に処罰されることが明確にされている。(3)

(1)　争議権のほかにも、一般の公務員については団体協約締結権、警察職員、消防職員等については団結権を含めたすべての労働基本権が、それぞれ否定されている。

(2)　最高裁大法廷判決昭和四一年一〇月二六日・全逓東京中郵事件、最高裁大法廷判決昭和四四年四月二日・都教組事件などでは、違法性の強い争議行為のみが禁止され、違法な争議行為の場合でも、それに通常随伴するようなあおり行為等は処罰の対象とはならないとの見解が示された。

(3)　最高裁大法廷判決昭和四八年四月二五日・全農林警職法事件及びそれ以降の判決では、全逓東京中郵事件、都教組事件等の判決で採られた解釈がすべて否定されている。

第71問　警察官の居住場所を制限するのは、居住の自由の侵害にならないか。

〔関係条文〕一五条、二二条

一　公務員も、一人の個人として、憲法の定める基本的人権を有する。かつては、公務員は、国との間で「特別権力関係」に立ち、国の包括的な支配に服するものとされ、任命、規律等がすべて法律によらないで定められ、国の処分を受けた場合でも裁判所の救済を受けることができないものとされてきた。しかし、現行憲法の下では、公務員の身分関係や勤務上の義務などは法律によって定められ（七三条四号参照）、処分も裁判所の審査の対象となるのであって、これを従来のような「特別権力関係」ということはできず、「特別権力関係」であることを理由として、公務員に基本的人権の保障自体が及ばないとすることはできない。

二　一方、憲法の保障する基本的人権といっても、絶対のものではなく、種々の制約を受けることがある。特に、公務員の場合には、国民全体の奉仕者としての地位にあり（一五条二項）、国民から託された職務を行う上でその人権に対する制限が必要となることから、一般国民が自由に行い得る行為を制限すること（一般国民との関係での人権の制限以上に基本的人権を制限すること）が認められる場合がある。公務上の必要と関係者のプライバシーを守るために守秘義務を課すこと、行政の政治的中立を維持し、及びそれに対する国民の信頼を確保するために政治的活動の自由を制限すること（第

69問参照）、公務の停廃を防止すること等のために労働基本権を制限すること（第70問参照）などは、このために、法律で公務員の基本的人権を制限したものである。もとより、公務員であるというだけの理由で基本的人権の制限が当然に正当化させることにはならない。その制限は、あくまでも、合理的に必要な最小限度の範囲（公務の保護等の正当な目的があり、その目的を達成する上で合理的に必要な手段としての範囲であって、その制限を行うことによって得られる公的利益がそれによって制約される基本的人権を上回るだけの価値を有するもの）でなければならない。

三　警察官も一人の個人として、憲法の定める基本的人権を享有する。居住する場所を選ぶことは憲法の定める居住の自由（二二条一項）に含まれるから、警察官も原則としてその自由を当然に有することになる。しかし、警察官の場合には、職務上夜間等において突発的に発生した事案に迅速に対処することが求められるという特殊性があることから、夜間等における事案に警察組織が対処する上で、一定の場所に警察官が居住することが必要不可欠である場合には、居住場所を指定し、あるいは一定の範囲に制限しても、居住の自由に対する合理的な制限として許される。(1)(2) 例えば、駐在所の勤務員の居住地を指定することは、警察事象に対処する上で必要不可欠なものであるから、何ら憲法に違反することにはならない。

（1）居住地の指定・制限は、警察のほかにも、自衛隊などの場合には認められる。
（2）このほか、警察官の場合、選挙運動が在職中すべて禁止されている（公安委員、選挙管理委員会の委員及び職員、裁判官、検察官、国税及び地方税の徴収に当たる公務員も同様に禁じられている。）。

第四三問の補足（情報の強制的取得に関する最高裁の判例）

情報の強制的な取得への憲法三五条の適用に関して、最高裁は、近年重要な判断を示している。まず、捜査目的のために承諾を得ないで梱包品に外部からエックス線を照射して内容物の射影を観察する行為について、最高裁は、荷送人や荷受人の内容物に対するプライバシー等を大きく侵害するものであることを理由に、検証としての性質を有する強制処分に当たるとした（最高裁決定平成二一年九月二八日）。また、車両に捜査機関がGPS端末を取り付けて移動状況を把握すること（GPS捜査）について、最高裁は、GPS捜査が公道上のみならず個人のプライバシーが強く保護されるべき場所や空間に関わるものも含めて対象車両及びその使用者の所在と移動状況を逐一把握することを可能にするものであることを指摘し、個人の行動を継続的、網羅的に把握することを必然的に伴うから個人のプライバシーを侵害し得るものであり、公権力による私的領域への侵入を伴うものであるとした上で、憲法三五条の保障対象には「住居、書類及び所持品」に準ずる私的領域に侵入されることのない権利も含まれると述べ、GPS捜査は令状がなければできない処分であるとした（最高裁大法廷判決平成二九年三月一五日）。なお、この最高裁判決では、GPS捜査が公道上の存在を肉眼で把握したりカメラで撮影したりする手法とは異なるものであることを明確にしているのであって、Nシステムのような公道上に情報取得対象が限られるものについては、本判決の考えは及ばない（憲法に反するものとはならない）と解される。

第三章　統治機構

第72問　天皇は憲法上どのような地位を有するか。

〔関係条文〕一条

一　天皇は、憲法上、「日本国及び日本国民の統合の象徴」としての地位を有する（一条）。明治憲法では、天皇は、主権者としての地位に立ち、国政の最高決定権を有し、勅令を発すること、条約を締結することといった広範な権限を有していた。これに対し、現行憲法では、国民主権の立場に立って、天皇は政治的な権能を持たない純粋な「象徴」とされ、(1)その地位も主権者たる国民の総意に基づくものとされている。このような天皇のあり方は、国民主権と何ら矛盾するものではない。

二　天皇が「象徴」であるということは、人々が天皇の姿を通じて日本国と日本国民の統合の姿を見るということを意味している。これは天皇がそのような象徴としての機能を持ち、象徴としてふさわしい存在であるという国民的確信があるとの判断が、この憲法の制定に当たって行われたことによるものである。もとより、国民の中の一部に天皇をそのような象徴と感じることができないとする者があったとしても、この規定と矛盾することにはならない。

三　天皇は、一切の政治上の権力を持たず、儀礼的・形式的な国事行為を内閣の助言と承認に基づいて行う。天皇は、象徴としての地位に基づいて、国事行為以外にも、公的な立場における儀礼的で非政治的な行為（公的行為）を行っている。この公的行為についても、憲法の趣旨に沿って行われることが必要であり、その責任を内閣が負うこととなる。

天皇は、象徴としての地位を有することから、私的な活動についてもその地位にふさわしい行動をとることが要請される。私的な行為としても、政治的な行動をとるなど、その地位にふさわしくないことをすることはできない。その一方で、天皇は、象徴として国民的尊敬を受けられ、国等からその地位にふさわしい扱いを受けることが当然に予定されている。陛下の称号を受けられること、私用にあてられるものについて国庫からの給付を受けられること、そのお世話を行うこと等を任務とする特別の国家機関（宮内庁等）が置かれていることなどはその現れである。なお、天皇の家族（皇族）についても、天皇と近い関係にあり、更に男子については皇位継承の可能性を有するものであるところから、特別の身分とされ、敬称を受け、皇族費を支給されるといった特権を有するとともに、男子の婚姻について皇室会議の議を要するなど、私的な活動についての制限も加えられている。

このほか、憲法は、世襲によって皇位が継承されること、その皇位の継承順序等が国会の議決する皇室典範によって定められることを規定し（二条）、更に皇室経済についても規定を設けている（八条、八八条）。

（1） 君主制国家においては、君主は、世襲の主権者として、国家を統治し、対外的に国家を代表するとともに、国家の象徴として性格も有していた。しかし、今日では、君主制をとる国でも、「君臨するが統治しない」君主として、実質的には政治的な意思決定権を持たず、単に世襲的にその地位につき、国家の象徴としての機能を果たすだけのものが多くなってきている。我が国の天皇制は、そのような近代的な君主制のあり方を法的に最も明確な形で示したものということができる。

第73問　天皇はどのような権能を有するか。

〔関係条文〕四条、六条、七条

一　憲法は、天皇の権能について、この憲法の規定する国事行為のみを行うものとし、国政に関する一切の権能を有しないと規定している（四条一項）。これは、国民主権の立場から、旧憲法下で天皇が政治上の決定権を有していたのを改め、天皇が一切の政治上の権能を持たず、形式的・儀礼的な行為のみを行うこととしたものである。また、憲法は、その国事行為についても、すべて内閣の意思決定（助言と承認）に基づいてなされることとしている。

二　天皇の国事行為は、いずれも形式的・儀礼的なものであるが、その法的性質からは、本来儀礼的なもの、他の機関の行為等を公証するもの、他の機関が実質的に決定したことを形式的に行うものとに分かれる。儀式を行うこと及び外国の大使・公使を接受することは[1]、その行為自体が本来儀礼的なものであって、特別の法的効果を生ずるものではなく、天皇が国の機関として行うのがふさわしいものとして憲法が規定したものである。次に、一定の重要な行為又は外交上の文書について、認証を行うことが天皇の権能とされている。天皇が国事行為として行う認証は、その行為[2]（又は文書）を権威付けることを目的としたものである。国務大臣及び法律で定めるその他の公務員を任命・罷免すること、恩赦を行うこと、全権委任状、大使・公使の信任状[3]、条約の批准書及び法律で定める外交文書が、それぞれ認証の対象として規定されている。

これに対し、内閣総理大臣及び最高裁判所の長たる裁判官（最高裁長官）を任命すること（六条）は、法的効果を持つ行為を直接天皇が行うものである。しかし、これらは、内閣総理大臣については国会の指名、最高裁長官については内閣の指名によって任命すべき者が確定しているのであって、天皇が実質的な判断を行うものではない。行政権・司法権を行使する機関の長であるところから、形式的に天皇が任命することとされたものといえる。法律等を公布すること、国会を召集すること、衆議院を解散すること、国会議員の総選挙の施行を公示すること及び栄典を授与することについても、実質的な決定権は助言と承認を行う内閣が持ち、天皇はそれを儀礼的・形式的に行うにとどまる。

三　天皇の国事行為は、二で述べたもの及びその国事行為を委任すること（四条二項）に限られる。憲法自体が列記した行為以外のものを、法律で国事行為とすることはできない。ただし、このことは、天皇がこれ以外の公的な行為を行うことをすべて禁止したものではない。国会や国民体育大会などの開会式に出席して「おことば」を述べられること、外国の元首との間で儀礼的な信書の交換を行うことなど、法的効果を持たない儀礼的な行為を行うことは、何らこれに反するものではない。もとより、この公的行為としても、政治的な影響を与えるようなものを行うことはできない。

（1）　我が国に派遣された外国の大使・公使について、接見することを意味する。
（2）　副大臣、最高裁判所判事、高裁長官、検事総長、検事長、特命全権大使などが法律で規定されている。
（3）　日本国から派遣される者が正式に任命され資格を与えられていることを証明する文書をいう。

第74問　国会は国政の上でどのような地位にあるか。

〔関係条文〕四一条

一　国会は、主権者たる国民の代表によって構成される機関として、「唯一の立法機関」であると同時に「国権の最高機関」としての地位にある（四一条）。憲法は主権者である国民が「正当に選挙された国会における代表者を通じて行動」することを明らかにし（前文）、他方で国会の両議院がいずれも「全国民を代表する選挙された議員で構成される」こととしている（四三条一項）。これは、国会が主権者たる国民の代表機関として、国民の総意を反映し、その決定が国民の意思とみなされるものとなることを意味する。国会が立法権を持ち、「最高機関」と呼ばれることは、国会が国民を代表する機関とされていることに基づくものである。

二　国会は国の唯一の立法機関である。このことは、法律の制定には国会以外の機関の関与を要しないこと及び国会以外の機関が法律と同様の性質を持つ規範を定めることができないことを意味する。したがって、両議院の議決があった時点で法律は成立する。(1) 天皇が法律を公布する（七条一項）が、これは、既に確定的に成立した法律を国民に知らせるだけの行為であって、法律の成立要件ではない。また、直接に国民を拘束し、又は国家と国民との間を規律する一般的な定め（これを実質的意義の法律と呼ぶ。）を制定することは、この「立法」に当たり、国会の専権事項に属する。国民の権利・自由を制限し、国民に義務を課すものや、裁判所の判断の基礎となるような法規範については、国会以外の機関が定めることはできない。行政機関は、法律の具体的な委任がある場合にその範囲内の事項を定め、あるいは法律の定めを実施するための手続的事項等を定め得るのにとどまる。(2)

三　憲法は、国会・内閣・裁判所に、それぞれ立法・行政・司法の三権を与えるという三権分立主義をとっているが、それと同時に、国会を「国権の最高機関」としている。これは、国会が国民から直接選ばれるものであって、三権のうち主権者たる国民に最も近く、中心的な地位にあると考えられることを現したものである。例えば、内閣の長（内閣総理大臣）は国会が指名するし、その内閣を通じて最高裁判所の裁判官も選ばれることになる。また、すべての行政及び司法は、国会が制定した法律に従って行われる。これらはいずれも、国会が国民を代表する機関であることの反映である。

しかし、国会が「国権の最高機関」であるといっても、三権分立が前提となっているのであって、国会の意思が常に他の機関に優越するというものではない。行政については内閣、司法については最高裁判所が最高の決定権を有する。また、内閣が実質的な解散権を持つこと、裁判所が国会の定める法律について憲法に違反するかどうかを判断し得ることは、憲法に基づくものであって（七条三号、八一条）、国会が「最高機関」であることと矛盾するものではない。

（1）　一つの地方公共団体のみに適用される法律については、住民投票を要するという憲法上の例外がある。
（2）　憲法自体の認める例外として、条例や最高裁判所規則においても、国民の権利自由の制限等を定め得るものとされている（第95問、第98問参照）。

第75問　国会はどのような権能を持つか。

〔関係条文〕八条、四一条、六四条、六七条、八三～八八条、九六条

一　国会は、主権者たる国民の代表者によって構成される機関として、立法権、憲法改正の発議権、内閣総理大臣の指名権、予算の承認権など、国政上において極めて重要な権能を有している。

まず、国会は、国の唯一の立法機関として、法律を制定する権能を持つ（四一条）。これは、国会だけが法律を定めることができることを意味している。それ以外の機関は、法律の委任がある場合などのほかは、国民の権利・自由を制限し、義務を課すような一般的な法規範を制定することができない。行政及び司法機関は、国会の定めた法律に従うことが義務付けられる。なお、憲法は、一定の事項について「法律」で定めるべきものとしており[(1)]、それについては、国会が定めることが当然に求められることになる。国会は、また、主権者たる国民の代表として、憲法の改正の発議を行い、それを国民に提案する（九六条）。これらは、現行憲法の下で国会の有する最も重要な権能である。

二　憲法は、行政権を行使する内閣が、国会の信任を基礎として在職し、国会を通じた統制を受けるという議院内閣制を採用している。このことから、国会は、国会議員の中から内閣総理大臣を指名するだけでなく（六七条）、内閣から国務・外交等について報告を受け（七二条）、広く国政に関して調査する（六二条）といった行政権の行使に関する監督権限を有している。

また、特に、国の財政に関することについては、国の財政の処理をする権限の行使が国会の議決に基づかなければならない（八三条）という基本原則に立って、予算について国会の議決を要すること（八六条）、租税について法律又は法律の定める条件に基づくことを要すること（八四条）、決算が国会に提出されること（九〇条）、予備費の支出について事後に国会の承諾を要すること（八七条）、皇室費用・皇室の財産授受に国会の議決を要すること（八条、八八条）などが憲法で規定されている。さらに、条約に関しては、その締結について国会の承認を要する（条約の締結自体は内閣が行う）こととされている（七三条三号）。

国会は、行政権の行使との関係ではこのような強い権限を有しているが、司法との関係では、両議院の議員で組織する弾劾裁判所を設け、非行等を行った裁判官について弾劾裁判を行い、これを罷免することができる（六四条）という権限を有するにとどまる。

三　国会は、このほか、その立法権を行使して定める法律により、自らの権限を創設することができる。緊急事態の布告を行ったことについて承認すること（警察法）、自衛隊の出動を承認すること（自衛隊法）、中央選挙管理委員会の委員の指名について同意すること（公職選挙法）などがこれである。また、国会の会期の決定などについて両議院の一致の議決によるものとされているほか、国家公安委員会委員など多くの委員等の任命について、両議院が同意権を持つこととされている。

（1）国会議員の選挙に関する制度、会計検査院の組織等について、「法律」で定めなければならないことが憲法で規定されている。

第76問　国会の活動にはどのような原則があるか。

〔関係条文〕七条二号、五二～五四条、五六～五八条、六三条

一　国会は、内閣・裁判所とは異なり、常時活動を行うものではなく、一定の期間を限って活動する機関である。この国会の活動期間を「会期」という。国会は、各会期ごとに活動を行う(1)。国会議員を一定の場所に期日を定めて集合させる行為を国会の召集というが、召集によって、国会は活動能力を取得し、会期が始まることになる。国会の召集は、天皇の国事行為として行われる（七条二号）が、その実質的な決定は、助言と承認を行う内閣においてなされる。国会の会期は、天皇の召集によって開始され、所定の期日の経過によって終わる。なお、定められた期間の間でも、衆議院が解散された場合には、国会を構成する一つの院が存在しなくなるため当然に閉会となる。

会期外においては、国会としての活動能力を持たないから、議員が集合し、決議を行っても、国会の活動には当たらない。閉会中に法律等を制定することはできない(2)。

二　国会の会期には、常会、臨時会及び特別会の三つの種別がある。常会は、毎年一回一月に召集され、予算が審議されるほか、多くの法律案等が審議されている。これに対し、臨時会は、内閣が必要性を判断して召集を決定するものである（五三条）。いずれかの議院の総議員の四分の一以上の要求があれば、内閣は臨時会の召集を決定しなければならない。特別会は、衆議院の解散の後に召集され

るものである。衆議院の解散の日から四〇日以内に衆議院議員の総選挙を行い、選挙の日から三〇日以内にこの特別会を召集しなければならない（五四条一項）。会期の期間の長さについては、国会法により、常会は一五〇日（その間に議員の任期が満了する場合にはそのときまで）で両院の議決で一回に限り延長されるのに対し、臨時会・特別会は両院の議決で決定され、二回に限り延長されることとされている。なお、この期間の決定に関しては、衆議院の優越が国会法で認められている。

三　国会の意思決定は、両議院における議案の表決によって行われる。議院の会議（本会議）については、憲法上、三分の一以上の出席が必要であること、出席議員の過半数の意思で決せられること（可否同数のときは議長が決する）、公開されること（三分の二以上の多数で議決したときは秘密会とすることができる）、内閣総理大臣・国務大臣が出席の権利と義務を持つことが定められている。なお、この過半数の原則の例外として、憲法改正の発議については総議員の三分の二以上の特別多数によるとされている（九六条一項）ほか、衆議院による法律案の再可決、院の重要な内部事項（議員の資格争訟における議席喪失の裁判、秘密会とする決定、議員の除名の決定）について出席議員の三分の二以上の賛成を要するとの規定が置かれている。

（1）　会期ごとに独立して活動を行うことから、会期中に議決されなかった案件は、原則として次の会期には継続されないこととなる（閉会中の継続審査・後会への継続が認められるのは例外的である。）。
（2）　委員会が付託された案件を審査することは可能であるが、院としての意思決定等を行うことはできない。

第77問　国政調査権とはどのようなものか。

〔関係条文〕六二条

一　衆議院及び参議院は、それぞれ、国政に関する調査を行うことができる（六二条）。この調査権は、国会の両議院が、その権能を行使するために必要な事実を調査する権限である。国会は、憲法の下において、行政府に対する監督[1]、立法、財政のコントロール（予算の審議・議決）などの極めて広い範囲にわたる権能を有しているので、そのためになされる国政調査権も、極めて広い範囲に及ぶことができることになる。一方、裁判作用については、司法権の独立が憲法上規定されており（七六条）、国会としての権能を及ぼすことはできないから、判決の確定後であっても個々の事件の判断の当否等を国政調査の対象とすることは許されない。司法行政等に関することであれば、国会は司法制度、裁判手続等についての法律を制定する権能や裁判所に関する予算を審議する権能を有しているから、それに資する目的での調査を行うことは認められる。

二　国政調査権は、各議院の権能であり、通常はその委員会において行使される。[2]調査の方法として、憲法は、「証人の出頭及び証言並びに記録の提出を要求することができる」ことを規定している。内閣、官公署等は、各議院・委員会から必要な報告・記録の提出を求められた場合には、これに応ずる義務を負う。また、議院における証人の宣誓及び証言等に関する法律（議院証言法）において、証言の手続等が規定され、何人も出頭・書類の提出を求められたときは応ずる義務を負い、正当な理由のない不出頭・書類の不提出や、証人の虚偽の陳述（偽証）が処罰の対象とされている。これ以外でも、任意の協力を求めることはもとより可能であるが、書類等の捜索といった強制措置を採ることは認められない。

三　国政調査に対して、内閣等の行政機関が協力すべきことは当然である。しかし、秘密とされている事項については、絶対に国政調査に応じなければならないというものではなく、個々の事案ごとに秘密を守ることによって得られる公益と国政調査権の行使によって得られる公益とを比較衡量して、開示するかどうかが判断されることとなる。(3) 訴訟関係書類についても、公判の開廷前は原則として非公開とされており（刑事訴訟法四七条）、国政調査による公益が非公開とすることによって守られる公益（訴訟関係人の人権保護と捜査・裁判に対する不当な影響の防止）を上回る場合に限って、公開することができることとなる（同条但書参照）。この考え方は、捜査関係人が事件に関する事実を国政調査に対して公表する場合にも、同様に当てはまるものといえる。

なお、地方公共団体の議会については、憲法上の規定はないが、地方自治法により、国政調査に準じた調査権限が認められている。

（1）　内閣は、議院内閣制の下で、国会に対して責任を負う立場にある（六六条三項）。
（2）　各委員会は議長の承認を受けて調査を行う。個々の議員がこの権限を行使することはできない。
（3）　議院証言法においても、公務員の職務上の秘密については、その証言等が国家の重大な利益に悪影響を及ぼす旨の声明を内閣が行った場合には、証言義務を免れることとされている。

第78問　衆議院と参議院はどのような関係に立つか。

〔関係条文〕四二条、四三条、四五条、四六条、五九〜六一条、六七条

一　国会は、衆議院と参議院の二つの議院から構成される。いずれも、国民の代表として選挙によって選ばれる議員で組織される。衆議院議員は任期が四年であるが、任期途中に解散があれば議席を失うのに対し、参議院議員は任期が六年で半数ずつ選挙され、解散されることがないという点での違いがある。二つの議院は、国会を構成するものとして、同時に召集され、開会・閉会する（召集・会期等は、各議院ごとになされるのではなく、国会として定められる。）。両議院は、相互に独立した存在であって、それぞれが独立して、審議・議決を行う。独立に形成された両議院の意思が合致した場合にそれが国会の意思となるのであって、国会の権能については両議院の一致の議決によってのみ行使されるのが原則である。なお、各議院自体の権能については、それぞれの議院が他の議院とは無関係に独立して行使する。議院の内部に関すること（議長等の役員を選挙すること、議員を懲罰すること、議員の資格を争う争訟を裁判すること、議員の逮捕を許諾することなど）と国政調査権の行使がこれに属する。

二　国会の意思は両議院の一致した意思によって形成されるのが原則であるが、この原則を常に貫くと両院の意思が合致しないことで国会の意思が形成されず、国政が渋滞するおそれがある。このた

め、憲法は、国政上迅速な意思の確定が必要な場合などについて、国民の意思が反映されやすい衆議院に優越性を認め、一定の要件の下に、衆議院の意思を国会の意思とすることを定めている(1)。

内閣総理大臣の指名については、衆議院と参議院で異なった議決をした場合又は衆議院が議決した後一〇日以内に参議院が議決をしない場合には、衆議院の議決が国会の議決となる（六七条二項）。予算及び条約の承認の議決については、衆議院と参議院で異なった議決をした場合又は衆議院が可決した予算若しくは条約の承認案件を受け取った後三〇日以内に参議院が議決をしない場合には、衆議院の議決が国会の議決となる（六〇条、六一条）。予算については、さらに、衆議院が先に審議する権利を持つ。これらの三つのことで異なった議決がなされた場合には、両院協議会が開かれる。法律案の場合と異なり、衆議院が再議決を行うものではない。一方、法律案の議決については、衆議院で可決し、参議院でこれと異なった議決をした場合には、衆議院で出席議員の三分の二以上の多数で再可決したときは、それが法律になるという制度が設けられている。なお、衆議院は、可決した後六〇日以内に参議院が議決しないときは、否決したとみなして再可決することができることとされている。

三　衆議院のみに認められた権能として、内閣の不信任の決議を行うこと（内閣の信任決議を否決することを含む。）がある。衆議院によって不信任とされた内閣は、衆議院の解散を決めるか、自ら総辞職しなければならない。

（1）憲法改正については、衆議院の優越は認められていない。なお、憲法に直接規定されていない事項である国会の会期の決定及び延長などについては、法律によって衆議院の議決を優先させることが認められている。

第79問　衆議院の解散について、憲法上、どのような規定が置かれているか。

〔関係条文〕七条、五四条、六九条

一　衆議院の解散とは、すべての衆議院議員の議席を失わせる行為である。憲法は、衆議院の解散を行うことを天皇の権能の一つとして規定し（七条三号）、その助言と承認を行うことを任務とする内閣に、実質的な解散決定権限を与えている。

憲法は、衆議院が内閣を不信任としたとき（不信任の決議案を可決したとき又は信任の決議案を否決したとき）には、一〇日以内に、衆議院を解散するか、内閣として総辞職しなければならないとしている（六九条）が、それ以外の場合に解散が行われることを明確に規定していない。国会が国の最高機関であると規定されていること（四一条）を理由として、この場合以外は衆議院の解散を行うことができないとする説もある。しかし、国会が「国権の最高機関」とされているのは、国会が国民の代表者で構成されていることによるものであり、本来の主権者である国民の判断を仰ぐことを否定する理由にはならない。国政上の重大課題について国民の意思を問うことが必要である場合には、解散を行い、選挙で示された国民の意思に従って国政を行うことが、より国民主権に沿うものといえる。このため、これ以外の場合でも、解散を行うことができる（解散を行うことについては、憲法上の限定はなく、内閣の政治的な責任において判断されることになる。）ものとされている。

二　衆議院が解散されたときは、解散の日から四〇日以内に衆議院議員の総選挙が行われ、その選挙の日から三〇日以内に国会が召集される（五四条一項）。総選挙の施行を公示することも、天皇の国事行為として行われる（七条四号）。

総選挙が行われた後にはじめて国会（これを「特別会」という。）が召集されたときは、内閣は、総辞職しなければならない。これは、内閣の存立の基礎となる衆議院の構成が改められた時点で内閣が総辞職し、新しい衆議院において、新たな内閣総理大臣が指名されるべきこととしたものである。(1)

三　衆議院が解散された場合には、参議院は同時に閉会となる（五四条二項）。衆議院が解散されている間は、国会として意思決定を行うことはできない。国会の行為が緊急に必要となる場合には、内閣が参議院の緊急集会を求めるという制度が設けられている（五四条二項）。この緊急集会においては、参議院のみの意思で、法律、予算等を制定することができる。(2)もとより、これは臨時の措置であって、次の国会の開会後一〇日以内に衆議院の同意がなければ、その効力は将来に向かって消滅することになる（五四条三項。法律・予算は失効する。ただし、その間の法的効力が否定されることにはならない。）。

（1）　同じ内閣総理大臣が指名された場合でも、「第〇次〇〇内閣」として新たな組閣が行われることになる。これに対し、参議院議員の選挙があっても、内閣が総辞職すべきこととはされていない。これは、内閣の存立の基礎が実質的に衆議院の信任にあるのであって、参議院の信任にあるのではないことの現れである。

（2）　憲法改正の発議を行うことはできない。

第80問　国会議員は、どのような地位と特権を有するか。

〔関係条文〕四九条～五一条

一　国会議員は、憲法上、選挙で選ばれた全国民の代表者としての地位を有する（四三条一項）。議員は、参議院の比例代表による者を除いては、特定の選挙区又はブロックにおいて選出されるが、その選挙区民の代表ではなく、全国民の代表者として行動することが求められる。議員は、任期満了まで在職するが、衆議院議員の場合には解散があればその時点で地位を失う。これ以外では、辞職（院の許可を要する。）、被選挙資格の喪失又は兼職が禁止される職[1]への就職（争いがある場合にはその議院が資格争訟によって判断する。五五条）、懲罰としての除名（五八条）及び選挙に関する訴訟での当選無効の裁判によってその地位を失う。

国会議員は、国民の代表として、質疑を行い、討論し、表決する権限を有する。また、内閣に対して質問する権限を単独で行使することができる。更に、一定数合同して、国会（臨時会）の召集を要求すること、議案を発案すること、修正動議を提出すること等の権限を有している。

二　憲法は、国会議員がその職責を全うすることができるようにするため、議員について、相当額の歳費を受けることとする（四九条）ほか、不逮捕特権と発言・表決に関する免責特権を与えている。

国会議員は、法律の定める場合を除いては、国会の期間中逮捕されない（五〇条）。国会法は、これを受けて、院外の現行犯罪の場合及びその院の許諾のある場合を、例外として定めている。したがって、国会議員の犯罪については、国会の会期中は、その議院の外で行った犯罪について現行犯として逮捕することはできるが、それ以外の場合には、事前に院の許諾を受けなければ逮捕できないことになる。また、この規定は、逮捕以外の保護等の拘束についても当てはまり、会期中は逮捕以外の拘束も行うことができないと解されている。閉会中においては、逮捕に関する制限はないが、開会後にその院から要求があれば、会期中は釈放しなければならない。なお、この特権は身柄の拘束のみに関するものであるから、不拘束のまま取り調べ、起訴することには何らの制限も及ばない。

三　国会議員は、議院で行った演説・討論・表決について、院外で責任を問われない（五一条）。これは、刑事・民事上の一切の責任を負わないとすることで、院内での議員の発言と表決の自由を最大限に保障しようとしたものである。したがって、議院としての活動の場での言動[2]については、それが名誉毀損に当たる場合でも、刑事訴追の対象とすることはできない[3]。ただし、その議院自体が発言等について懲罰を行うことは認められている。なお、この特権はあくまで議院での発言・表決についてのものであるから、院外での発言に及ぶものではなく、また院内の活動でも暴力行為などはこの免責の対象とならない。

（1）内閣総理大臣、国務大臣、副大臣、大臣政務官等を除き、各種の公職への兼任が禁止されている。
（2）本会議・委員会での発言などだけでなく、国会議事堂の建物外でも、地方公聴会などの議院としての活動を行っている場合には、この特権が及ぶ。
（3）民事賠償は、国家賠償法の規定により、個人としての責任は負わない。

第81問　議院内閣制とは何か。

〔関係条文〕六五条～七〇条

一　内閣は、内閣総理大臣とその任命する国務大臣によって構成される合議機関であって、国の最高の行政機関である。憲法は、内閣を行政権の主体とする（六五条）とともに、内閣がその行政権の行使に関し、国会に対し連帯して責任を負うことを規定している（六六条三項）。これは、内閣が行政権を有し、その判断で行政権を行使するが、国会に対して責任を負う地位にあることを示すものである。また、内閣は、国会の信任を基礎として成立し、在職する。このように、議会（国会）と政府（内閣）が分立しつつ、政府が議会の信任を基礎にして在職し、その権限行使について議会の政治的責任追及に応えるべき義務を負うとされる体制を、議院内閣制という。議院内閣制の下では、議会で過半数を占める政党の党首が、内閣総理大臣になり、内閣を組織するのが通例である。

二　憲法は、内閣が主に衆議院の信任を基礎として成立し、在職するという制度を設けている。内閣総理大臣は国会議員の中から国会によって指名され、天皇によって任命されるが、国会の指名については、衆議院の意思が優先することが規定されている（六七条）。内閣は、内閣総理大臣が他の国務大臣を任命することによって成立する。このように、内閣が国会特に衆議院の意思によって選ばれた内閣総理大臣を通じて国会に結び付いているため、国会の指名した内閣総理大臣が死亡等によって欠けた場合には、内閣は総辞職しなければならないこととされている（七〇条）。また、衆議院議員の総選挙があった後にはじめて国会が召集された場合にも、内閣は総辞職しなければならない（七〇条）。なお、これら以外の場合にも、任意に総辞職を行うことは当然に可能である。

三　内閣は国会に対して連帯して責任を負う。国会の側からの責任追及の手段には、各議院の国政調査権の行使等を通じたものもあるが、そのうち最も強力なものは衆議院の不信任決議権である。内閣は、衆議院で不信任の決議案が可決され又は信任の決議案が否決された場合には、存続することができず、総辞職しなければならないものとされている[1]（六九条）。

これに対し、内閣は、衆議院の解散を決定するという権限を有している。憲法は、衆議院が内閣不信任の意思を明らかにしたときのほかは解散を行い得る場合を直接規定していないが、天皇の国事行為として衆議院を解散できることを規定しており（七条三号）、その助言と承認を行う内閣が解散を実質的に決定する権限を有することを明らかにしている。

このほか、憲法は、国務大臣の過半数が国会議員の中から選ばれなければならないこと（六八条一項）、内閣総理大臣及び国務大臣が議案について発言するために議院に出席する権限をもち、また、答弁・説明のために出席を求められた場合には出席する義務を負うことを定めている（六三条）。

（1）　不信任とされた場合のうち、一〇日以内に衆議院が解散されたときには、その時点では内閣は総辞職することを要しないが、選挙後の国会（特別会）を召集した時点で総辞職しなければならないこととなる。

第82問　内閣はどのような権能を有するか。

〔関係条文〕六五条、七三条

一　内閣は、行政権を有する。行政とは、国家の作用のうち、立法（法規範を定立すること）と司法（具体的な争いのある事件について法を適用して裁くこと）とを除いたものを意味する。行政は、法を執行するという点で司法との共通性を有するが、能動的・積極的に公共の福祉を達成しようとするという特色を有する。

内閣は、行政の最高機関であり、その統括の下に多くの行政機関が置かれている。行政事務は極めて広範囲にわたっているため、内閣は、そのすべてを行うのではなく、憲法上列記された重要な事務を自ら行うほかは、重要な政策の決定を行い、その下にある機関を指揮監督するのにとどまる。内閣が法律を誠実に執行し、国務を総理するとされている（七三条一号）のは、行政が法律の執行を本質的任務とすること[1]及び内閣が行政機関の事務全体を統括するものであることを明らかにしたものである。なお、内閣の意思決定は、内閣総理大臣の主宰する閣議によって行われる。閣議では、内閣が連帯して国会に責任を負うことから、その構成員の全員一致を要するとされている。

二　憲法は、行政事務のうち、特に重要なもののみを内閣の権限として列記している（七三条）。内閣は、政令を制定することができる。憲法は、法律を実施するために内閣が政令を発することができることを規定するとともに、「特にその法律の委任がある場合を除いては、罰則を設けることができない」と規定している。これは、内閣が、法律を実施するために政令を定めることができ、更に法律の個別的な委任があれば、国民の権利・自由を制限し、義務を課すことを内容とし、あるいは刑罰を科することを内容とする政令を定めることができることを認めたものである。

内閣は、外交関係の処理及び条約の締結を行う。また、内閣は、予算を作成して国会に提出する。なお、財政に関しては、この予算作成権限のほか、その責任で予備費を支出すること（八七条）、国会・国民に対し財政状況を報告すること（九一条）、決算を国会に提出すること（九〇条）等が定められている。このほか、内閣は、法律の定めるところにより官吏（行政部の職員）に関する事務を処理し、恩赦（大赦・特赦・減刑・刑の執行の免除及び復権）を決定するという権限を有する。

三　内閣は、国会との関係では、国会の召集と衆議院の解散を実質的に決定する権限を有する（これらはいずれも形式的には天皇の行為としてなされる。）ほか、議案[2]を国会に提出し、参議院の緊急集会を求めるという権限を有している（五四条二項、七二条）。他方、内閣は、裁判所との関係では、最高裁判所の長たる裁判官を指名し（六条二項）、その他の裁判官を任命する（七九条一項、八〇条一項）。内閣は、このほか、天皇の国事行為について、助言と承認をする権限を有する（三条）。

（1）内閣及びその下位にある行政機関は、国権の最高機関である国会が定めた法律の執行を拒むことができない。

（2）法律案を作成して提出することも含まれる。

第83問　政府が恩赦を行うのは、司法権に対する侵害にならないか。

〔関係条文〕七条、七三条

一　恩赦とは、行政権の作用によって、犯罪者を赦免する制度である。恩赦には、大赦、特赦、減刑、刑の執行の免除及び復権の五種類のものがある。大赦の場合には有罪判決の効力を消滅させ、有罪判決を受けていない者に対する公訴権を消滅させる（捜査途中であれば、捜査を打ち切らなければならない。）、特赦の場合には有罪判決の効力を消滅させる、減刑の場合には刑又はその執行を減軽させる、刑の執行の免除の場合には刑の執行を免除させる、復権の場合には刑の言渡しの結果として喪失・停止された資格を回復させるという法的効果を生ずることとされている。

二　恩赦には、罪又は刑の種類を政令で指定し、それに該当するすべての者に対して一律に行うもの（政令恩赦）と、特定の個人について行うもの（個別恩赦）とがある。政令恩赦は大赦・減刑・復権、個別恩赦は特赦・減刑・刑の執行の免除・復権について、それぞれ行われる。政令恩赦が特別の場合だけに行われるのに対し、個別恩赦は、中央更生保護審査会の申出があった者を対象として常時行われている。(1)(2)恩赦は、かつては君主の恩恵を示すものとして行われてきたが、今日では、社会の変動に対応した刑罰の是正（過去の刑罰が不適当と考えられるようになってきたときにそれを是正すること）や個々の犯罪者の処遇・改善の手段（刑事政策上の手段）としての意義が重視されてきている。

三　憲法は、内閣が恩赦を行う権限を有することを明確に規定している（七三条七号）。恩赦は、国家の刑罰権の行使に関し、行政権が司法権の決定の効力を奪い、変更することを含むものであるが、憲法が直接に認めたものであるから、司法権に対する違憲な侵害とはならない。恩赦を行う範囲、要件等に関しては、憲法上の限定はないが、法律（恩赦法）でそれに関する規定が設けられている。(3) 憲法は、また、天皇が恩赦を認証することを規定している（七条六号）。これは、恩赦が歴史的に君主の特権とされてきたことを踏まえ、内閣が行う恩赦に尊厳を付与することを目的としたものといえる。

なお、恩赦はあくまで刑事上の裁判及びそれによって生じた法的効果を変動させるだけであって、行政処分の効力等を変動させるものではない。したがって、交通違反を理由とした行政処分の点数を、恩赦によって軽減させるといったことはできない。

（1）　政令恩赦は、現行憲法下では、昭和期に平和条約の発効、国際連合加盟、皇太子殿下御結婚、明治百年記念、沖縄復帰、平成期に、昭和天皇御大葬、天皇陛下御即位の際に行われ、令和元年にも、天皇陛下御即位に際して行われている。以前の恩赦では大赦が行われる場合があったが、令和元年の恩赦は復権に限られている。

（2）　保護観察所の長の申請を受けて、中央更生保護審査会が恩赦を相当とした場合に法務大臣に申出を行い、内閣が決定する。無期懲役刑の仮釈放者を対象にした刑の執行の免除（保護観察を終了させる効果を持つ。）と資格を回復する復権とが、主に行われている。

（3）　恩赦法に従う限り、どの範囲で恩赦を行っても法的には問題にならない。

第84問　内閣から独立した行政機関を設けることができるか。

〔関係条文〕六五条、六六条

一　憲法は、「行政権は、内閣に属する」と規定し、他方で「内閣は、行政権の行使について、国会に対し連帯して責任を負ふ」と規定している（六五条、六六条三項）。このことは、内閣が国の最高の行政機関として、すべての行政権の行使について、国会に対して責任を負うことを意味する。もとより、国の行政は、立法・司法とは異なり、極めて幅広い範囲にわたり、また事務の量も膨大であって、全体を内閣が行うことができるものではない。憲法は、内閣の下に多くの行政機関が置かれ、各行政機関によって行政事務が行われることを前提とした上で、(1) 内閣がそれらの行政機関の活動を統括し、全体の活動について国会に対して責任を負うことを求めているのである。このため内閣は、それらの行政機関について、府・省の長である内閣総理大臣及び各省大臣の指揮権等を通じて、監督を行っている。

二　内閣が行政権の主体である以上、憲法が特別の規定を設けているもの（会計検査院）を除き、内閣から全く独立した行政機関を設けることはできない。そのような行政機関を設けるとすれば、行政権が内閣にあるとした権力分立の基本に反するだけでなく、すべての行政について、内閣の国会に対する責任を通じて、国会・国民のコントロールを及ぼそうとした憲法の理念にも反することとなるからである。

三　他方、法律によって、人事院、国家公安委員会、公正取引委員会など、合議制の機関であって、その委員等に身分保障が認められ、その権限の行使について、内閣（及び内閣総理大臣・各省大臣）の指揮監督を受けないもの（独立行政委員会）が設置されている。これは、公務員の人事行政、警察行政、独占規制行政など、政治的中立性の確保や専門的技術的な知識が必要とされること等から、公正かつ中立に行われることが特に要請される事務について、政治的な意思決定によって直接に左右されることがないようにするために設けられたものである。

四　独立行政委員会については、内閣等の直接の指揮監督を受けないところから、憲法に違反しないかが問題となる。しかし、これらの機関は、内閣又は内閣総理大臣・各省大臣の所轄に属し、人事（委員等の任命・罷免）及び財務（予算・会計管理）を通じたコントロールを受けるのであって、全く内閣から独立した機関とはいえず、また、このような事務について公正・中立に行う必要性が高く、内閣等の直接の指揮命令を及ぼさないとすることに合理性があることから、憲法に違反するものではないと解されている。

なお、これらの機関については、その委員の任命について、国会の両議院の同意を要するなど、国会自体によるコントロールもある程度及ぼす規定が設けられているのが通例である。

（1）内閣総理大臣が内閣を代表して行政各部を指揮監督することや法律・政令に主任の大臣が署名をすることの規定が置かれている（七二条、七四条）のは、実際の行政が内閣の下にある多くの行政機関によって行われることを憲法が前提としていることを示している。

第85問　内閣総理大臣は、どのような地位と権能を持つか。

〔関係条文〕六六条～六八条、七〇条、七二条、七四条、七五条

一　内閣総理大臣は、憲法上、「内閣の首長」としての地位にある（六六条一項）。内閣自体は合議制の機関であって、その意思決定においては、内閣総理大臣と他の国務大臣とで異なるところはなく、内閣総理大臣のみの意思で内閣の意思が決められることにはならない。しかし、内閣総理大臣は、内閣の組織の面では、他の国務大臣とは全く異なった立場に立ち、他の国務大臣を任命・罷免するなどの強い権限を持つ。「内閣の首長」とは、内閣総理大臣がこのような組織上の権限を有し、内閣を代表するものであることを意味するものである。

内閣総理大臣は、国会議員の中から、国会の指名に基づき、天皇によって任命される（六条一項、六七条一項）。内閣総理大臣が欠けた場合には、内閣は、総辞職しなければならないことになる。

二　内閣総理大臣は、国務大臣を任命することができ、また、それを「任意に」罷免することができる（六八条）。内閣総理大臣はこの任免権を通じて、内閣を組織し、一体性を確保することとなる。この任免権は内閣総理大臣の専権であって、自由に行使することができる。(1) また、内閣総理大臣は、国務大臣の訴追について、同意権を有している（国務大臣はこの同意がない限り訴追されない。七五条）。

三　内閣総理大臣は、内閣を代表して、議案を国会に提出し、一般国務及び外交関係について国会

に報告し、行政各部を指揮監督する（七二条）。これは、内閣総理大臣が内閣を対外的に代表することを示すものであるが、その基となる意思決定自体は内閣によってなされる（あくまでも内閣が決定したことに従って、内閣総理大臣が代表して指揮監督等を行うことになる。）。また、憲法は、法律及び政令について、主任の大臣[(2)]とともに内閣総理大臣が連署すべきものとしている（七四条）。これは、法律及び政令について、主任の大臣が執行の責任を負うことを明確にし、また内閣全体としても責任を有することを明らかにする意味で内閣総理大臣が連署するとしたものである。

このほか、法律（内閣法）により、内閣総理大臣は、閣議を主宰し、内閣総理大臣・主任の大臣に事故がある場合の臨時代理を指定する権限を有するものとされている。なお、内閣総理大臣は、これらのほか、内閣府の長として、他の各省の大臣と同様の地位（主任の大臣としての地位）に立ち、内閣府の事務に関し、法律等に署名し、職員を指揮監督し、内閣府令を制定するといった権限を有している。

（1）　国務大臣のうちの過半数は国会議員から選ぶこと、文民でなければならないことのほかは制限はない。

（2）　「主任の大臣」とは、その行政事務を担当する府省の長としての地位にあるもの（内閣府の長としての内閣総理大臣又は各省大臣）を意味する。警察に関する法律等については、国家公安委員会が内閣府の外局であることから、内閣府の長としての内閣総理大臣が署名することとなる。

第86問　内閣総辞職はどのような場合に行われるか。

〔関係条文〕六九条～七一条

一　憲法は、内閣が国会の信任を基礎にして成立・在職するという議院内閣制を採用し、その信任関係が失われた場合には、内閣が総辞職しなければならないこととしている。

内閣は、国会によって指名された内閣総理大臣と、その内閣総理大臣によって任命された国務大臣とによって構成される。内閣は、このように、内閣総理大臣に対する国会の信任を基礎として成立するものであるから、内閣総理大臣が欠けた場合には、もはや存続することはできず、総辞職しなければならない（七〇条）。内閣総理大臣が死亡した場合はもとより、内閣総理大臣が国会議員であることを要すること（六七条）から、内閣総理大臣が国会議員としての資格を失った場合（衆議院の解散による場合を除く。[1]）にも、内閣は総辞職しなければならないこととなる。

二　内閣は、衆議院から不信任とされた場合（衆議院が不信任の決議案を可決した場合及び信任の決議案を否決した場合）には、一〇日以内に衆議院が解散されない限り、総辞職しなければならない（六九条）。これは、衆議院の信任を失った場合には、内閣が総辞職するか、衆議院を解散して、国民の信を問わなければならないとしたものである。

また、内閣は、解散又は任期満了による衆議院の総選挙があった後に、最初に国会が召集されたときには、総辞職しなければならない（七〇条）。これは、内閣が主に衆議院の信任によって成立し、存続すること[2]を受けて、衆議院が改選された場合には、その新しい衆議院の意思に基づいて新たな内閣総理大臣が選出されるべきであるとの考えによるものである。このため、内閣不信任とされた内閣は、解散を決めたとしても、最終的には必ず総辞職しなければならないことになる。

このほか、憲法上の規定はないが、内閣は、自らの意思で総辞職することができる。なお、内閣総理大臣が単独で辞職することはなく、常に内閣総辞職として行われる（国務大臣が単独で辞職できるのと異なる。）。

三　内閣が総辞職した場合には、その内閣は、新たに内閣総理大臣が任命されるまではその職務を行うものとされている（七一条）。これは、行政権の行使に間隔が生ずることを防止しようとするものである。法的には、総辞職後の内閣であっても、その権限の範囲が限定されることにはならない（実際には、政治的に重要な意思決定はなされないのが通常である。）。新たな内閣総理大臣が国会で指名された場合には、総辞職した内閣の助言と承認に基づいて、天皇が新しい内閣総理大臣を任命する。この任命の時点で、前の内閣の職務執行権限は消滅することになる。

（1）　衆議院の解散の場合には、全衆議院議員がその資格を失うこと及びその後に国会が召集された時点で内閣が総辞職すべきものとされていることから、これには当たらないと解されている。

（2）　憲法は、内閣総理大臣の指名を国会の権限としつつ、衆議院の強い優越性を認め、更に内閣を不信任とする権限を衆議院のみに与えており、内閣の成立・存続については、事実上衆議院のみの信任にかからせているということができる。

第87問　司法権の独立を守るため、どのような規定が置かれているか。

〔関係条文〕七六条、七八条～八〇条

一　具体的な争い（争訟事件）について、法を適用して裁定する国の作用を「司法」という。民事訴訟、刑事訴訟及び行政事件訴訟について、訴えに対して裁判をすることがその典型である。憲法は、この司法作用を行う権能（司法権）を裁判所（最高裁判所及び法律の定めるところにより設置する下級裁判所）が有するものとし、それ以外の特別裁判所を設置し[1]、あるいは行政機関が終審として裁判を行うこと[2]を全面的に禁じている（七六条一項、二項）。

司法権の行使に関しては、それが独立・公正に行われることが極めて重要である。裁判官が具体的な事件に関する裁判を行うことについて、国会・内閣等の公の機関及び社会的組織等からの命令、指示、影響を受けることがあってはならない。これを、「司法権の独立」という。国会の国政調査権の行使も、これを害することは許されない。また、同じ司法機関の中の者であっても、その事件の処理に干渉することはできず、上級の裁判所が指揮命令等をすることはできない。上級裁判所は、上訴された場合に、裁判によって下級審の判断をくつがえすことができるのにとどまる。

二　憲法は、「すべて裁判官は、その良心に従ひ独立してその職権を行ひ、この憲法及び法律にのみ拘束される」と定め（七六条三項）、裁判官の職権行使の独立（司法権の独立）を保障している。そして、憲法は、この司法権の独立を実効的なものとするため、裁判官の身分保障を定めている。裁判官は、裁判によって心身の故障のために職務を行うことができないとされた場合及び国会に設けられる弾劾裁判所によって罷免の裁判がなされた場合を除いては、罷免されない（七八条。ただし、最高裁判所の裁判官については、これ以外にも、国民審査で投票者の多数が罷免を可とする場合には罷免される。）。また、裁判官は、行政機関の懲戒を受けない（懲戒は裁判所によって行われる。）。このほか、裁判官は、相当額の報酬を受け、在任中減額されないこととされている。[3]なお、裁判官は、定年に達したときは退職するものとされ、下級裁判所の裁判官については、一〇年の任期制（再任することができる。）が採られている（七九条、八〇条）。

三　憲法は、下級裁判所の裁判官の任命について、最高裁判所の指名した名簿に基づいて内閣が任命するものとしている（八〇条一項）。憲法がこの権限や裁判所の内部規律、司法事務処理等についての規則制定権を最高裁判所に認めている（七七条）のは、司法府全体が他の機関（特に政治部門）から独立し、人事等の司法行政を自ら行うことが、司法権の行使の独立にも役立つとの判断によるものである。

（1）　憲法自体が定めた例外として、国会の各議院の議員資格争訟の裁判、弾劾裁判所による裁判官の弾劾裁判がある（五五条、六四条）。
（2）　行政機関が不服申立てを受けた場合に、それについて裁決等を行うことは、その結果に対して裁判所に出訴できるとされている限り、これに反しない。
（3）　その上に、裁判所法によって、裁判官はその意に反する転官、転所、停職等も受けないものとされている。

第88問　違憲審査権とは、どのようなものか。

〔関係条文〕八一条、九八条

一　憲法八一条は、「最高裁判所は、一切の法律、命令、規則又は処分が憲法に適合するかしないかを決定する権限を有する終審裁判所である」と規定し、司法権を行使する裁判所が、法律等について、違憲であるかどうかを審査する権限（違憲審査権）を有することを明らかにしている。この違憲審査権の対象は、規定上、国内法令及び国家機関の行為のすべてに及ぶことが明らかであり、さらに、条約についてもその対象になり得るものとされている（第100問参照）。憲法は国の最高法規であるから、これに反する法律等を定めたり、処分を行ったりすることはできないし、これに違反する法律等は効力を持ち得ない（九八条一項）。憲法が違憲審査権を裁判所に与えたのは、憲法の最高法規性を実効的なものとし、人権の保障を全うすることを目的としたものである。

二　この違憲審査権は、裁判所が、具体的な民事・刑事・行政事件の訴訟等を受けて裁判する際に、その事件に適用すべき法律等が違憲かどうかを審査するというかたちで行使される。違憲審査権が司法機関としての裁判所に与えられている以上、司法権の行使と離れた抽象的な違憲審査を行うことはできない（個別の事件がないのに、一般的・抽象的に法律の規定が違憲かどうかを判断することはできない。）(1)。なお、最高裁判所以外の下級裁判所においても、その事件の裁判に必要な法令の違憲性の有無を判断することができるが、あくまでも最終的な判断権は最高裁判所にある。

三　違憲とする裁判所の判断には、法律あるいは命令の規定自体を違憲とするもの（法令違憲）と、法令自体は合憲であるが、問題とされた事件におけるその適用が違憲であるとするもの（適用違憲）とがある。法令違憲とする判断が最高裁判所で示された場合でも、その法令自体が消滅することにはならず、規定の改廃は制定権者が行うが、それまでは規定の適用が差し控えられることとなる。(2)

これまで、最高裁では、刑法の尊属殺人罪の規定、薬事法（当時の名称）の薬局距離制限の規定、公職選挙法の衆議院議員定数配分規定、森林法の共有林分割制限の規定、郵便法の免責規定の一部、公職選挙法の在外邦人選挙権制限の規定、国籍法の日本国籍取得要件の規定、(3)非嫡出子の法定相続分を嫡出子の二分の一とする規定、女性の再婚禁止期間の規定（一〇〇日を超える部分）が違憲とされたほか、第三者の所有物をその所有者に弁解等の機会を与えないで没収することが違憲とされ、いずれも法律が改正され、あるいは新たに法律が制定されている。なお、公安条例など、警察の所管の法令については、下級審で違憲とされたことはあるが、最高裁で違憲とされたものはない。

（1）　最高裁大法廷判決昭和二七年一〇月八日・警察予備隊違憲訴訟。
（2）　刑法の尊属殺人の規定は、昭和四八年に違憲とされた後も平成七年まで改正されないままであったが、その間は通常の殺人罪として訴追、処断された。
（3）　外国人の母の子供が出生後に日本人の父の認知を受けても、父母が結婚しないと日本国籍が取得できないとする部分が違憲とされ、認知されれば届出によって日本国籍を取得できることとなった。

第89問　裁判所の組織と権限の行使について、憲法上どのような規定が置かれているか。

〔関係条文〕七六条〜八二条

一　憲法は、司法権が最高裁判所及び法律によって設置する裁判所[1]に属することを規定するとともに、その組織等についての規定を設けている。最高裁判所については、その長たる裁判官と法律で定める人数（一四人）のその他の裁判官によって構成されること、その長たる裁判官は内閣の指名に基づいて天皇によって任命され、その他の裁判官は内閣によって任命されること、任命後はじめて行われる衆議院議員の総選挙の際に国民審査に付されること（任命後一〇年経過後も同じ。投票者中の多数が罷免を可とした場合には罷免される。）が定められている。また、下級裁判所の裁判官については、最高裁判所の指名した名簿に基づいて内閣によって任命され、一〇年の任期制とすることなどが定められているほか、司法権の独立を確保するため、すべての裁判官について、報酬減額の禁止、定年・公の弾劾・執務不能の裁判の場合を除きその身分を失わないことなどが規定されている。

二　裁判所は、司法権を行使する。司法とは、法令を適用することによって解決されるべき事件について、公権的に裁定することを意味する。そのような事件に当たらない紛争、適法・違法の問題を生じないもの（認められた裁量権の範囲内の行為等）については、司法権の対象とはならない。

前記の要件を満たす事件については、すべて裁判所の裁判の対象となる。ただし、国会の各議院の行う議員の資格争訟と弾劾裁判所における裁判官の弾劾については、憲法自体の定めた例外であって、裁判所の司法権の対象とはならない。また、憲法に直接規定されていないが、他の機関の判断に委ねられるべき事項（国会の議院の行う議員の除名、国会・内閣の議事手続の適否など）や、団体の内部的な事項[2]については、その対象外とされている。さらに、高度の政治性のある国の行為については、内閣・国会という政治部門において判断され、最終的には主権者である国民の判断に委ねられるべきものであって、司法権の対象とはならない。これを統治行為という。衆議院の解散をめぐる争いはこれに当たる。高度に政治性を有する条約についても、同様の考え方から、一見明白に違憲・無効とされる場合以外には、裁判所の審査の対象外とされている。

三　裁判所の行う裁判については、憲法上、対審（口頭弁論・公判）及び判決が公開されるべきことが定められている。公の秩序や善良な風俗を害するおそれがある場合には、その裁判所の判断で対審を公開しないことができるが、政治犯罪、出版に関する犯罪及び国民の基本的人権が問題となっている事件については、常に公開しなければならない。

（1）裁判所法によって、高等裁判所、地方裁判所、家庭裁判所及び簡易裁判所とされている。これらの設立及び管轄については、下級裁判所の設立及び管轄区域に関する法律によって定められている。

（2）政党や宗教団体では、自主性・自律性の観点から、内部的なものには司法審査は及ばない。これに対し、地方議会については、議員が住民代表としての活動を行う責務を有していることから、除名処分だけでなく、出席停止処分についても、司法審査の対象となる（最高裁大法廷判決令和二年一一月二五日）。

第90問　国の財政について、憲法上どのような規定が設けられているか。

〔関係条文〕八三条～九一条

一　国が種々の活動を行う上では、国費を支出することが必要であり、そのために、必要な財貨を租税等によって徴収することが必要となる。この財貨の取得・管理・使用（支出）を財政作用という。憲法は、財政作用について、国の財政を処理する権限が国会の議決に基づいて行使されなければならないことを規定し、国民の代表者によって構成される国会のコントロールの下におくことを定めている。具体的には、租税が法律によって定められること、国が債務を負担する行為を行うには国会の議決を要すること、国費を支出するには国会の議決（予算の議決の形式で行われる。）を要すること、国の収入・支出の決算を内閣が国会に提出すること、内閣が国の財政状況について毎年少なくとも一回、国会及び国民に報告すること等を規定している。(1)

二　国の財政処理において、最も重要なものが予算の制度である。予算は、その年度における歳入・歳出の見積もりであって、一般の国民を拘束するものではないが、国の機関に対しては、国費の支出権限を与えるという法的効果を有する。すべての国の機関は、予算に規定されていない支出を行うことができない。予算は、内閣によって作成され、国会の議決を受ける。予算の審議・議決については、衆議院の優越が認められている。

予算がなければ国費の支出を行うことはできないが、当初予期されなかった事態が生じた場合に対処するために、憲法上予備費の制度が設けられている。内閣は、国会の議決に基づいて予備費を設け、自らの責任で支出することができる。内閣は、予備費を支出した場合には、事後に国会の承諾を得なければならない。

国の収入・支出の決算は、会計検査院の検査を受けた後で、その検査報告とともに内閣が国会に提出する。会計検査院は、憲法に基づく機関として、内閣に対して独立の地位を占め、国の収入・支出が適法かつ適当であったかどうかを検査する。

三　憲法は、このほかに、国及び地方公共団体が、公金や公の財産を宗教上の組織・団体の使用・便宜・維持のために支出したり、利用させてはならないことを規定している。これは、国家と宗教との分離を財政面から明確にしようとするものである（第33問参照）。公の支配に属さない教育等の事業についても、これと同様に、公金の支出等を行うことが禁止されている。

憲法は、また、皇室の財産に関し、皇室財産が国に属すること、皇室の費用は予算に計上して国会の議決を受けること、皇室との財産の授受には国会の議決を要することを特に定めている。

（1）　租税が法律によって定められるとする規定は、法律の定めるところにより納税の義務を負うとする規定（三〇条）とともに、いわゆる租税法律主義を定めたものである。なお、地方公共団体の場合には、条例によって、法律（地方税法）の規定する税の税率等を定め、あるいは法律に定めのない特別の税を設けることが行われているが、これは、法律の定める条件により、かつ、条例という地方公共団体の自主立法に基づくものであるから、この租税法律主義に反するものではない。

第91問　憲法が地方自治を重視する理由は何か。

〔関係条文〕九二条〜九四条

一　地方自治とは、一定の地域社会における行政を、その住民が自主的に処理することを意味する。憲法は、地方自治を重視し、特にそのための一章を設け、地方公共団体の組織及び運営に関する事項が「地方自治の本旨」に基づいて法律で定められることとし、さらに、その議員等が住民の直接選挙によって選ばれること、地方公共団体がその行政の執行等の権能を有し、そのために法律の範囲内で条例を制定することができることなどを規定している。このように、憲法の保障する地方自治は、地方公共団体の行政が住民の代表者等を通じた住民の意思に従ってなされること（住民自治）を前提とした上で、地方公共団体に権力を付与し、その権能を自律的に行使すること（団体自治）を認めたものである。

二　憲法が地方自治を重視したのは、地方自治が権力の乱用を防止し、国民（住民）の意思を行政に反映させる上で、重要な意義をもっているからである。一般に、権力を特定の機関に集中させることは、国政を能率的に運営する上では有効であるかもしれないが、それが乱用されれば、国民の基本的人権の侵害など大きな害を生ずることになりかねない。憲法が、国政を立法・行政・司法に分離し、それぞれ別の機関に属させたのは、権力を集中させないことによって、その乱用を防止しようとしたものである。このことは中央と地方との間でも同様であって、中央政府にすべての権力を集中させるのではなく、一定の権力を地方公共団体に委ねて地方自治を認めることは、権力の集中による弊害を防止する上での意義を有する。また、地方公共団体は、国に比べればはるかに小規模な団体であるので、住民の意思を反映させることが比較的容易である。(1) このため、住民に身近な事務については、地方公共団体に委ねて処理させることが合理的であり、国民の意思を政治（行政）に反映させることを求める国民主権の考え方にも沿うことになる。

三　もとより、地方公共団体は、国家から全く独立した存在ではない。その権力は、あくまでも国から付与されたものであり、国法の体系の下にある。憲法がすべての国民に生存権を保障していることなどにより、国としてどの地方の住民についても一定のレベル以上の生活が営まれるようにすることが必要であり、また、多くの行政領域においては国全体としての調和を図る必要があるのであって、そのようなことを無視し、地方の自主独立を徹底さえすればよいというものではない。地方公共団体の事務について、国の全面的な監督下に置くようなことはできないが、地方公共団体の自主性を前提とした上で、一定の限度で国が関与することは、この憲法の趣旨に反することにはならない。(2)

（1）　地方公共団体については、住民が直接に条例制定や解職の請求等を行うことができるとする制度が法律によって設けられている。これは、地方公共団体の特色を反映したものである（国には同様の制度はない。）。

（2）　警察事務について一定の範囲で国が指揮監督等を行うことは、これに反することにはならない。

第92問　地方公共団体について、憲法上、どのような規定が置かれているか。

〔関係条文〕九二条〜九五条

一　憲法は、地方公共団体について、まず、その組織及び運営が地方自治の本旨に基づいて法律で定められることを規定している（九二条）。これは、地方自治制度を保障するとともに、地方自治の具体的な内容は法律で定められること及びその法律の定めが地方自治の本質に沿ったものでなければならないことを明らかにしたものである。したがって、地方公共団体の組織及び運営を定める法律においては、地方の事務になじむものについては原則として地方公共団体の責任で行うこととすること及びそれに住民の意思ができるだけ反映されるようにすることという地方自治の基本に立ち、また、それを前提とした上で国家的な要請とを調和させることが求められることになる。

なお、この地方公共団体とは、その沿革、現状等に照らし、一定の地域の住民が自己のために自らの代表者を通じて統治するような実質があると認められる団体、具体的にいえば都道府県及び市町村を意味している(1)。

二　憲法は、地方公共団体の組織について、法律で定めるものとしつつ、議事機関として議会が設けられること、その議会の議員、地方公共団体の長及び法律で定めるその他の吏員(2)は住民が直接選挙することを特に定めている（九三条）。これらの選挙において、成年者による普通選挙、投票の秘密等の保障（一五条）が及ぶことは当然である。なお、議会の議員については、国会議員とは異なり、議会での発言に対する免責や不逮捕の特権は認められていない。

地方公共団体の組織においては、行政を行う立場にある長（都道府県知事・市町村長）が直接選挙で選ばれることが、国の場合と大きく異なっている。このほか、住民の直接請求制度等が、地方自治法によって定められている。

三　憲法は、地方公共団体が、その財産を管理し、事務を処理し、及び行政を執行する権能を有すると定めている（九四条）。これは、地方公共団体が、自主財政権を持ち、広く非権力的及び権力的事務を行うことができることを明らかにしたものである。具体的に地方公共団体が行う事務が何かは、地方自治法等の法律によって定められる。また、地方公共団体は、法律の範囲内で条例を制定することができる（九四条）。条例は、法律に反することはできないが、地方公共団体の自主立法として、個別の法律の根拠がなくとも、国民の権利・自由を制限することを定めることができる。

このほか、憲法は、一つの地方公共団体のみに適用される特別法については、その地方公共団体の住民投票で過半数の同意がない限り、制定することができないとしている（九五条）。これは、国会のみによって立法がなされるという原則に対する例外であるが、一部の地方公共団体のみに不利な立法がなされることを防止できる権能を与えたものである。

（1）　特別区、地方公共団体の組合、財産区等は、憲法上の「地方公共団体」には当たらない。その長等を公選とするかどうかは、法律レベルの問題である（特別区の区長については、現在、公選とされている。）。

（2）　現在は、法律で公選とされている吏員はない。

第四章　国法の体系

第93問　法令には、どのようなものがあるか。

〔関係条文〕五八条、五九条、七三条、七七条、九四条、九八条

一　抽象的な法規範を規定したもの（成文法）を、「法令」という。条約も成文法の一種であるが、一般的に法令といえば、条約を除いた国内法だけの意味で用いられるのが通常である。法令には、憲法、法律等の各種の種別があるが、いずれも、広く国民等に対して、その内容を遵守することを強要するものである(1)。裁判所や行政機関も、この法令に従い、法令を個々の具体的な案件に適用して、裁判や行政処分等を行っている。憲法は、我が国の法令の形式として、法律のほかに、議院規則、政令、最高裁判所規則及び条例を挙げている。また、法律によって、内閣府令・省令、その他の国の行政機関の規則及び地方公共団体の長等の定める規則が、法形式として定められている。

二　これらの法令は、バラバラに存在しているのではなく、全体として秩序のとれた法体系を形作っている。これらの法令のうち、憲法が最高規範であり、それに反する他のすべての法令が効力を持たないことはいうまでもない（九八条）。

法律は、国権の最高機関である国会が定めたものとして、憲法を除く他のすべての法令に対して上位にある。したがって、他の法令が法律に反することはできない（法律に反するものはその限度で無効となる。）。法律で定め得る事項には特別の限界はない。また、国民の権利・自由を制限する規定を

設け、罰則を定めるのは、法律によらなければならないのが原則とされている。

法律以外の法令の場合には、規定できる事項等が制限される。議院規則（衆議院又は参議院が定める規則）は、議院における会議等の手続及び内部の規律に関する事項について定める（五八条二項）。最高裁判所規則は、訴訟に関する手続、弁護士・裁判所の内部規律及び司法事務処理に関する事項について定める（七七条）。国の各種の行政機関は、それぞれの所管事項の範囲で各種の命令を定める。このうち、内閣が定めるものを政令、内閣総理大臣又は他の大臣が定めるものを内閣府令・○○省令、他の行政機関の定めるものを○○規則（例「国家公安委員会規則」）という。いずれの場合にも、法律の委任のない限り、国民の権利・自由を制限することは許されない。

法令には、地方公共団体の定める条例も含まれる。条例は、国の法令に反することはできないが、地方公共団体の議会の議決による自主立法としての性質を有していることから、法律の範囲内であれば、国民の権利・自由を制限し、罰則を規定することもできる。

三　法令を一般の国民が知ることのできる状態に置くことを、法令の「公布」という。国の法令の場合には、官報に登載されることによって公布がなされている。また、法令について、現実に効力を発動させることをその「施行」というが、適用を受ける者の便宜等のため、公布から一定期間をおいた後で施行するのが通常である。

（1）　国の法令は、領土内のすべての者に及ぶ（外交使節・駐留軍隊等については、その例外として、一定の範囲で法令の効力が及ばないものとされ、あるいはその執行が制限されている。）。

第94問　法律の成立手続と所管事項について、憲法上どのような規定が置かれているか。

〔関係条文〕七条、四一条、五九条、七七条、七八条、九五条

一　憲法は、国会が国の唯一の立法機関であると規定し（四一条）、国会のみが法律を制定できることを明らかにしている。法律は、法律案が両議院で可決されることによって成立する（五九条一項）。ただし、衆議院の優越が認められ、衆議院の可決した法律案については、参議院がこれと異なる議決をした場合でも、衆議院が出席議員の三分の二以上の多数で再可決したときは、それによって法律として成立する（五九条二項）。法律は、これらの議決の時点で成立するのが原則であるが、地方特別法については、その地方公共団体の住民投票を要することとされている（九五条）ため、その投票で過半数の同意が得られた時点で成立する。

二　法律が成立すると、それに主任の大臣が署名し、内閣総理大臣が連署して（七四条）、天皇が内閣の助言と承認に基づいてこれを公布する（七条一号）。公布は、既に成立した法律を、国民に広く知らしめるために行うものであって、現実に法律が効力を発揮する前提条件になるものである。公布の方式については、特別の規定はないが、従来から一貫して官報で行われている。法律は、施行されることによって、現実に人を拘束する効力を持つことになる。施行日は、その法律又はそれが委任した命令で定めるのが通常である。

法律は、憲法を除く国内法令において、最上位のものとしての効力を有する。法律の廃止・変更は、法律によってのみ行われる。内閣は、法律を誠実に執行する義務を負う（七三条一号）。

三　国民の権利・自由を制限し、義務を課すことを内容とする法規範を定めることは、原則として、この法律によらなければならない（最高裁判所規則及び条例による例外については次問及び第98問参照）。行政機関の命令で、法律で規定すべき法規範を定めること（国民の権利・自由を制限すること）は許されない。[3] ただし、法律が規定の内容の一部を行政機関の命令に委任した場合には、行政機関も、その委任の範囲内で本来法律の定めるべき内容を定めることができる。この委任が実質的に立法権を行政機関に委ねるような包括的なものとなってはならないのは当然である。

また、憲法は、国事行為の委任・皇位の継承・摂政、国民の要件、国家賠償、勤労条件、財産権の内容、納税の義務、刑罰を科す手続、刑事補償、国会議員の定数・選挙に関する制度、内閣の組織、下級裁判所の設置、会計検査院の組織・権限、地方公共団体の組織・運営等の多くの事項について、法律で規定すべきことを特に定めている。したがって、それらは、必ず法律で定めなければならない。もとより、法律で規定できる事項には制限がないから、これ以外の多くの事項（行政機関の組織等）についても、多数の法律が制定されている。

（1）　議員及び内閣が提案権を持つ。実際の法律の大半は、内閣が提案したものである。
（2）　参議院の緊急集会が唯一の例外である。
（3）　明治憲法下では、多数の命令において、国民の権利・義務を制限する規定が設けられていた。このため、現行憲法の施行に際し、これらを法律で制定するための措置が採られている。

第95問　最高裁判所規則と法律とはどのような関係にあるか。

〔関係条文〕三一条、七七条

一　憲法は、最高裁判所に、「訴訟に関する手続、弁護士、裁判所の内部規律及び司法事務処理に関する事項について、規則を定める権限」を与えている（七七条一項）。このように、憲法が裁判所規則という形式での立法権を最高裁判所に与えたのは、司法権の独立に配慮したことと、裁判に関する技術的専門的な事項については最高裁判所の判断を尊重しようとしたことによるものである。

この最高裁判所規則は、最高裁判所において定められるが、それが裁判所の内部だけのものではなく、一般国民にも関係する事項を含む法規としての性質を有するため、最高裁判所によって、官報に登載するという方式で公布されている。憲法は、このほか、検察官もこの規則に従うべきこと及び最高裁判所が下級裁判所に関する規則制定権を下級裁判所に委任することができることを規定している（同条二項、三項）。

二　一方、国会は、国の唯一の立法機関として、訴訟に関する事項等についても、法律を制定することができる(1)。このため、最高裁判所規則と法律との関係が問題となるが、国会が国権の最高機関であって、国の本来的立法機関であること、「訴訟に関する手続」の定めは、国民の裁判を受ける権利等に大きな影響を及ぼすものであることなどから、法律が最高裁判所規則に優先するものと解されている。したがって、既に法律が規定していることについては、最高裁判所規則を制定することはできない。

特に、刑事手続については、「法律の定めるところ」によらなければ刑罰を科されないとされている（三一条）こととの関係からみて、訴訟に関する手続のうち、訴訟の基本的な構造や、被疑者・被告人の重大な利害に関する事項は、法律で定めなければならず、最高裁判所規則は、それ以外の事項について定めることができるのにとどまるものと解される。なお、法律によって一定の事項を最高裁判所規則に委任することができることはいうまでもない。(2)

三　このようなことから、刑事手続については、訴訟の基本的事項等は刑事訴訟法で規定され、最高裁判所規則（刑事訴訟規則）では、その手続的事項等に関しての規定が設けられている。もとより、手続的事項等といっても、公判における手続、証人尋問の手続等についての詳細な規定が設けられているほか、公務員の書類、逮捕状請求書の記載要件（法律の委任に基づくもの）、明らかに逮捕の必要がない場合の却下など、犯罪捜査に関しても重要な事項が定められている。

（1）　最高裁判所規則で制定すべき事項（の少なくとも一部）については法律で定めることができないとする説もあるが、最高裁の判決で否定されている（最高裁判決昭和三〇年四月二二日）。

（2）　行政機関の命令の場合とは異なり、憲法上の権限として自ら直接法規範を定めることができることとされているため、より包括的な委任も認められている。

第96問　行政機関は、国民の権利・自由を制限し、義務を課す法規を制定することができるか。

〔関係条文〕四一条、七三条

一　国民の権利・自由を制限し、国民に新たな義務を課すような法規を制定することは、「立法」作用であって、国会の権能に属する。内閣及びその下にある行政機関が定める法規を「命令」というが、この「命令」は、原則として、国民の権利・自由を制限し、国民に新たに義務を課すことはできず、法律の定めを実施するための手続的・細目的な事項を規定する（執行命令）のにとどまる。

二　これに対し、法律の委任がある場合には、行政機関は、その委任の範囲内で、国民の権利・自由を制限し、義務を課すという本来の法律事項を内容とした命令（委任命令）を定めることができる。憲法は、法律の委任ができることを当然の前提として、「政令には、特にその法律の委任がある場合を除いては、罰則を設けることができない」(1)と規定しており（七三条六号但書）、内閣法、内閣府設置法や国家行政組織法においても、命令には法律の委任がなければ義務を課し、権利を制限することができないとする規定が設けられている。もとより、この場合でも、立法権が国会に属するという原則を実質的にくつがえすような一般的・包括的な委任は許されず、個別的・具体的な委任であることを要する。(2)

三　政令は内閣、内閣府令は内閣総理大臣、省令は各省の大臣、委員会規則は委員会が制定する。(3)

委任命令と執行命令があること、それぞれの所管事項について定めることができることは、いずれも共通している。政令は、行政機関の命令では最上位にあり、内閣の閣議で決定され、法律と同じように、主任の大臣が署名をし、内閣総理大臣が連署して、天皇が公布する。内閣府令及び省令は、内閣府又は各省の事務について、法律若しくは政令の委任に基づいて、又はそれらを実施するために発せられる。憲法上の規定はないが、法令として国民に周知させる必要があり、大臣によって公布される。政令より下位であるから、法律はもちろん、政令にも反することはできない。

このほか、その他の行政機関（主として独立行政委員会）においても、法律の定めるところに従い、命令を定めることができる。国家公安委員会が、警察法の規定に基づいて、国家公安委員会規則を制定することはこれに当たる。このような規則のうち、単に内部の職員に対して職務上の義務を課すだけのものは別として、国民を直接規制する法規としての性質を有するものについては、その制定権者によって公布される。

（1）罰則については、憲法三一条の法定手続の保障があり、「特にその法律で委任された」と規定されていることから、単なる権利制限の場合に比べ、より限定された委任に限って許されるものと解されている。

（2）独立行政委員会については、その性質から、比較的広い範囲での委任が認められている。公務員の政治的行為の制限等に関する人事院規則に対する委任などはその例である。

（3）命令を制定する場合には、案を公表して意見を公募し、提出を受けた意見を考慮するとともに、意見を考慮した結果の説明を公表することが義務付けられている。この制度は、意見公募手続（パブリックコメント手続）と呼ばれ、行政手続法で定められている。地方公共団体の条例は適用にならないが、地方公共団体によっては、意見公募を行うことが条例で定められている場合がある。

第97問　条例制定権にはどのような限界があるか。

〔関係条文〕四一条、九四条

一　地方公共団体が、自らの事務についての自主立法として定める法規範を「条例」という。憲法は、地方公共団体に自治権を認め、条例制定権を付与している（九四条）。これは、国会が唯一の立法機関であるとしたこと（四一条）に対する憲法自体が定めた例外であって、地方自治を重視したことの現れであるといえる。条例は、その地方公共団体の事務の範囲内で制定される。(1)

二　条例も、国内法令の一つとして、あくまで「法律の範囲内」で定めることができるのにとどまる。地方自治法により、条例は国の法令に違反してはならないこととされているから、法律はもちろん、政令、内閣府令・省令等にも反することはできない。(2)

法令と条例が矛盾接触するかどうかは、両者の趣旨・目的・内容・効果に照らして判断しなければならない。ある事項について国が法令で定めていることと直接衝突する場合だけでなく、国が規制をしていないことがその法令全体からみて、特にその事項についてはいかなる規制もしてはならないとする趣旨であるときは、条例を制定することはできないこととなる。また、逆に、特定の事項について、国の法令と条例とが併存する場合であっても、条例が別の目的で規律をし、それによって法律の意図する目的・効果を害さないときや、両者が同一目的でも、国の法令が全国一律の規制を行う趣旨ではなく、地方の実情に応じ、地方公共団体において別の規制を行うことを容認する趣旨であるときは、条例が法令に抵触することにはならない。

道路交通法（の道路使用に関する規制）と公安条例の規制との関係が争われた事件では、判例は、道路交通法と公安条例の規制が重複してはいるが、その目的が全く同じではなく、条例に特別の意義と効果があり、それが合理的であって、法律が条例で規制することを否定、排除する趣旨のものではないことを理由に、その条例が法律に違反しないものとしている。(3)

三　条例は、地方公共団体の議会の議決に基づいて制定され、地方公共団体の長によって公布される。このほか、地方自治法において、地方公共団体の長等がその権限に属する事務について規則を定めることができることが規定されている。これらの規則のうち、法規としての性質を有するものについては、条例と同様に、公布することが求められる。

(1)　かつては、国の事務を地方公共団体の機関に行わせる「機関委任事務」という制度があり、条例の制定対象外であったが、地方分権の推進の観点からこの制度は廃止された。したがって、地方公共団体の扱う事務である限り、条例の制定対象となる。

(2)　条例の制定後に、それと趣旨・目的・対象等が重なる法令が制定された場合には、その条例（のうちで重なった部分）は失効する。

(3)　最高裁大法廷判決昭和五〇年九月一〇日・徳島市公安条例事件。この条例は、交通秩序を維持することを遵守事項とし、その違反に刑罰を科することを規定したものである。

第98問　条例で基本的人権を制限することに問題はないか。

〔関係条文〕二九条、三一条、九四条

一　国民の基本的人権を制限するのは、法律によることが原則である。しかし、条例は、憲法が地方公共団体に与えた自治立法権に基づくものであり、また、住民の代表者によって構成される地方公共団体の議会の議決に基づくものであるから、法律に準ずるものということができる。このため、行政機関の命令とは異なり、法律の委任がなくとも、国民の権利・自由を制限し、義務を課すことができる。(1) 条例で規制することで、地方公共団体ごとに異なった規制となることについては、憲法自体が容認するものであって、平等原則に反することにはならない。

二　憲法は、財産権の内容について「法律」で定めることを規定している（二九条二項）。この意味は、財産権の内容などを法律で定めることを求めたものであって、財産権の行使に条例で制約を加えることを禁ずるものではない。また、憲法は、「法律の定める手続」によらなければ刑罰を科することができないことを定めている（三一条）。この規定は、刑罰を科する手続法だけでなく、刑罰の根拠規定も法律で定めることを求めたものであるが、条例は、憲法で制定権が認められた自主立法であり、罰則を定めることができなければ規制の実効性を確保することができない（自主立法として十分機能しない）こと、そして、条例は住民の代表で構成される議会の議決を経て制定されるものであって民主的要件を十分満たしていることから、条例に罰則を設けることも、憲法に違反しないと解されている。[2]地方自治法では、二年以下の懲役及び禁錮、一〇〇万円以下の罰金、拘留、科料並びに没収を、条例で規定することを認めている。

三　条例で国民の権利、自由を制限する場合には、その制限が憲法上許容できる範囲のものでなければならない。規制する目的が正当であって必要なものであること、規制内容がその目的を実現する上で有効なものであること、他によりよい手段がないこと（制約の程度がより低い手段では同程度の効果が見込めないこと）、規制によって得られる公益がその規制によって生ずる相手方の不利益の程度を上回るものであること（比例原則を満たすこと）が求められる。刑罰規定の場合には、それだけの高い必要性があることと、処罰の程度が不相当になっていないこと、規定が明確であることが求められる。さらに、運用においても、制定された目的、趣旨に照らし、本来の対象となるものに対して規制を及ぼしていく必要がある。[3]

（1）　公安条例、青少年保護育成条例、迷惑防止条例、暴騒音規制条例等の多数の条例が制定されている。なお、風俗営業等については、法律の委任に基づく条例が制定されている。
（2）　最高裁大法廷判決昭和三七年五月三〇日。
（3）　最高裁判決平成一九年九月一八日は、広島市暴走族追放条例について、規定の仕方が適切でなく、文言どおりに適用されると対象が広範囲に及び、憲法上の問題が生ずることを指摘しつつ、当該事件が条例の本来の対象であることを踏まえ、刑罰の適用を認めている。

第99問　予算にはどのような法的意義があるか。

〔関係条文〕六〇条、八六条

一　予算は、一会計年度（四月～翌年三月）における国の財政行為の準則として、国会の議決を受けるものを意味する。歳入（国の収入）・歳出（国の支出）の予定額の見積もりがその主な内容である。(1)予算は直接国民を拘束するものではない。しかし、このうちの歳出の部分については、国の機関は、この予算によらない限り一切の国費の支出を行うことができず、これに従うことが義務付けられることになる。予算は、このように法的な効果を持つものであり、特殊な法規であるといえる。

なお、歳出予算が法的拘束力を持つのに対し、歳入予算は、歳出の財源としてその歳出の総額の決定に影響を与えるものである（歳入を上回る歳出を定める予算は許されない）が、それ自体としては、国民及び国家機関を直接に拘束するものではない。歳入の見積もりによって国民が支払う租税等の額が定まることにはならない。租税等は、あくまでそれに関する法令の規定によって定められる。

二　予算は、あらゆる国政の基礎となるものであり、国政全体を国民の代表が統制する手段として特に重要な意義を有している。憲法が、「国の財政を処理する権限は、国会の議決に基いて、これを行使しなければならない」とし（八三条）、国費を支出することについて国会の議決に基づくものとしている（八五条）のも、予算を通じた国会による国政の統制を意図したものである。

予算の作成は、内閣が行う(2)（七三条五号、八六条）。予算は、先に衆議院に提出しなければならない（六〇条一項）。予算については、それが国の活動に必須なものであって、早急に確定することが必要であることから、両議院の議決が一致せず、両院協議会を開いても意見が一致しないとき又は参議院が衆議院の可決した予算を受け取ってから国会の休会期間を除いて三〇日以内に議決しないときは、衆議院の議決が国会の議決となるとされている（六〇条二項）。なお、予算は、一般の法令とは異なり、直接に国民を拘束するものではないことから、公布の対象とはされていない。

三　予算は、法律とは異なる事項を所管するものであるから、法律によって改廃されることも、また、法律を改廃することもあり得ない。実質的に予算と法律の内容が合致しない場合（例えば、法律で国の支出義務を規定しつつ、それに相応する予算がない場合）には、国会において、法律を改廃し、あるいは予算を改める措置(3)が採られることが予定されているのにとどまる。

地方公共団体の場合には、その予算に関する直接の憲法上の規定はないが、地方自治法において、同様の予算制度が設けられ、長が予算を調整・執行し、議会が決定することとされている。

（1）　翌年以降において国が支出義務を負うこと（翌年以降に支払う旨の契約を行うことなど。国庫債務負担行為という。）なども、予算の内容とされている。

（2）　予算作成権は、法律案の場合とは異なり、内閣のみが有する。

（3）　予算作成後に生じた事由に対応するため、補正予算の制度がある。補正予算は、憲法上の予算の一つとして、本予算（年度の当初予算）を修正するものである。予算については、このほかに、暫定予算（本予算が成立していない場合の暫定的な予算）の制度が法律で設けられている。

第100問　条約は、憲法・法律とどのような関係に立つか。

〔関係条文〕六一条、七三条、九八条

一　条約とは、文書による国家間の合意を意味する。外交関係を処理し、条約を締結することは、内閣の権限である（七三条二号・三号）が、このうち、条約[1]については、国会を通じたコントロールを及ぼすために、事前又は事後に国会の承認を得ることを要することとされている。条約の国会承認については、予算の場合と同様に、衆議院の優越が憲法上規定され、両院の議決が異なるとき又は衆議院の議決後三〇日以内に参議院が議決をしなかったときには、衆議院の議決が国会の議決となる（六一条）。なお、予算の場合には衆議院が先に審議することとされているが、条約の承認についてはそのような規定はない。

条約は、天皇によって公布される（七条一号）。また、締結において批准を要する条約については、内閣が批准するが、その批准書を天皇が認証することとされている（七条八号）。

二　条約は、国際法上の効力を有するだけでなく、国内においても、公布されることによって法的な効力を直接に国民等に及ぼすこととなる。このため、国内法令との間での優劣が問題となる。

条約と憲法との関係については、条約が憲法に違反した場合に無効となることが憲法で規定されていないこと（九八条一項参照）などから、条約が優先するという説もあるが、条約も、あくまで憲法に基づいて内閣が締結し、国会が承認するものであるから、憲法に反することは許されない。憲法に違反した場合には、少なくとも国内法上は、その条約は無効となるものと解されている。

一方、憲法以外の国内法令との関係では、条約自体が国会の承認を得て成立するものであること、憲法が「日本国が締結した条約及び確立された国際法規は、これを誠実に遵守することを必要とする」ことを特に規定していること（九八条二項）から、条約が法律等に優先し、それに反する法律等が無効となるものと解されている。

三　判例も、日米安保条約が憲法に違反しないかどうかが争われた事件で、このような条約は我が国の存立の基礎に重大な関係のある高度の政治性を有するものであって、それが違憲かどうかの法的判断は司法裁判所になじまない性格のものであり、一見明白に違憲無効と認められない限り、裁判所の司法審査の対象外にある（内閣・国会の判断＝究極的には主権者である国民の政治的判断によって定められるべきものである）との判断を示した上で、その条約が一見明白に違憲無効であるかどうかを審理し、判断している[(2)]が、これは、条約が憲法の下位にあって、違憲審査の対象となることがあり得るとの考え方を前提にしたものといえる。

（1）　国際間の約束であっても、元々行政府限りでできるようなものについては、この「条約」には含まれない。これに対し、国民の権利・自由の制限などの法律で規定すべき事項又は法律・予算にない新たな財政上の負担を負わせる事項を含むものや、国政上重要な意義を持つものについては、国会の承認を要する「条約」に含まれる。

（2）　最高裁大法廷判決昭和三四年一二月一六日・砂川事件。なお、この判決は、同条約が憲法の趣旨に適合こそすれ、違憲無効であることが明白とは到底いえないとしている。

第101問　憲法改正は、どのような手続で行われるか。

〔関係条文〕九六条

一　憲法は国の根本規範であり、法律のようにしばしば変更されるものではないが、主権者たる国民の意思の変化等により、これを変更することが必要となる場合もあり得る。このために、憲法自体で定める手続によって、憲法の個々の規定についての削除・修正・追加を行うことを憲法改正という。

二　憲法改正は、国会の発議を国民が承認することによって行われる。国会の発議は、各議院において、それぞれ総議員（出席議員ではない。）の三分の二の以上の賛成があることを要する。憲法改正の発議については、衆議院の優越は認められていない。国会の発議がなされた場合には国民投票が行われる。これは、憲法が、間接民主制を基本としている（国民がその代表者を選出し、それを通じて行動することを原則としている。）が、この場合には、ことがらの性質から、主権者（憲法制定権者）である国民の直接の判断を受けることが必要であるとの考えによるものである。

国民投票で過半数の賛成が得られた（承認された[1]）ときは、天皇は、その憲法改正を国民の名でこの憲法と一体をなすものとして直ちに公布する。この天皇の公布行為は、法律の公布の場合と同様に、内閣の助言と承認に基づいて行われる（七条一号）。

なお、国務大臣や国会議員については、他の公務員と同様に、憲法尊重擁護義務が課されている

（九八条）が、この規定に基づく憲法の改正を主張し、あるいはそのための運動等を行うことを禁止したものではない。

三　憲法の改正については、憲法で定める手続による限り、その内容自体が憲法と抵触するかどうかは問題にならない。しかし、あくまで「改正」であるから、この憲法の基本原則を前提として、個々の規定の修正等を行うことができるのにとどまる。憲法は、その前文において、国政が国民の信託によるものであり、国民の代表者が権力を行使し、その福利は国民が享受するという人類普遍の原理を述べ、「これに反する一切の憲法……を排除する」としている。この国民主権の原理はもとより、基本的人権の尊重、平和主義といった憲法の基本原理に反するような改正を憲法改正という形式で行うことはできないものと解される。

もっとも、このような改止の限界は、理論上のものであって、現実にこれを超える「改正」がなされる場合がある。日本国憲法自体が大日本帝国憲法の「改正」として制定されたものであるが（第1問参照）、その内容は天皇主権を国民主権に変更するなど、憲法改正の限界を大きく超えるものであった。そのような「改正」は、形式的には改正の手続で行われているが、実質的には、新たな憲法の制定と考えなければならない。

（1）改正の発議の原案提出と国民投票（投票権者など）については、「日本国憲法の改正手続に関する法律」が制定されている。

【著者紹介】
田村正博（たむら　まさひろ）
京都大学法学部卒
昭和52年警察庁入庁、徳島県警察・京都府警察捜査第二課長、内閣法制局第一部参事官補、警察庁国際刑事課理事官、同庁給与厚生課理事官、警視庁公安総務課長、警察大学校保安教養部長、警察庁総務課企画官、秋田県警察本部長、警察庁運転免許課長、警察大学校警察政策研究センター所長、内閣参事官（内閣情報調査室国内部主幹）、警察大学校特別捜査幹部研修所長、福岡県警察本部長、早稲田大学客員教授等を経て、警察大学校長を最後に退官。現在、京都産業大学法学部教授、同大学社会安全・警察学研究所長、弁護士（東京弁護士会）、警察大学校講師。
〔主要著書〕
今日における警察行政法の基本的な考え方（立花書房、2007年）
新しい警察幹部の在り方（立花書房、2013年）
現場警察官権限解説（上下巻）［第三版］（立花書房、2014年）
警察官のための憲法講義［改訂版］（東京法令出版、2021年）
警察行政法解説［第三版］（東京法令出版、2022年）

わかりやすい憲法101問〔改訂〕

平成22年11月1日　第1刷発行
令和5年4月10日　第7刷発行

著　者　田　村　　正　博
発行者　橘　　　茂　雄
発行所　立　花　書　房
東京都千代田区神田小川町 3-28-2
電話　03-3291-1561(代表)
FAX　03-3233-2871
http://tachibanashobo.co.jp

平成元年8月1日　初版発行

倉敷印刷・和光堂